박학천 초등 **바깔로레아** 시리즈

억지독서보다 읽는방법부터

**바깔로레아
독서혁명**

초등 | 초급

독서가 중요해지는 즈음에

'독서가 중요하다'

요즈음에 참 많이 듣게 되는 소리입니다.

"책 좀 그만 보고 공부해라" 하던 것이 불과 10여 년 전이니, 많은 것들이 본분을 잃어가는 요즈음에

교육의 큰 틀 만큼은 좋은 쪽으로 가는 것 같아 마음이 놓입니다.

그런데, 또 마음을 쉽게 놓을 수 있는 상황이 못 됩니다.

교육부는 이제 학교에 독서 목록을 주고, 독서 기록을 어떤 식으로든 서류로 남겨서

내신은 물론, 대학 입시에도 반영을 한다고 합니다.

어떻게든 학생들에게 책을 읽게 하려는 노력은 좋지만

독서가 또 다른 입시 과목이 되어

아이들을 행복하게 하는 것이 아니라,

불행하게 만들까 걱정됩니다.

서울시 교육청은 아예 학년별 도서 목록을 만들어서 내놓았습니다.

그래서 많은 부모님들이 그 책들을 마치 꼭 읽어야 할 어떤 것으로 아시는 분들도 많습니다.

관이 나서서 읽어야 할 책을 골라 주는 것은 고맙지만, 개개인의 책에 대한 취향과 관심, 그리고 읽어야 할 수많은 책 중에서

그 책들만 의무적으로 읽히려 하지는 않을까 걱정됩니다.

독서에 대한 이런저런 고민을 늘어놓으면 이렇게 끝이 없습니다.

그러나 분명한 것은 특정 교과목들을 놓고, 그 중에서도 교과 진도에 있는 내용만 얄팍하게 외우고,

그것을 객관식 시험 문제로 고르게 하던 낡은 풍토에서 벗어나 교과 이외의 폭넓은 책을 직접 읽고,

스스로 말과 글로 표현하게 하는 틀이 잡혀가고 있다는 사실입니다.

그래서 이제 본론을 이야기하려 합니다.

책을 읽게 하자는 것은 좋습니다.

그러나 우리는 막상 '읽으라' 고만 하지, '어떻게 읽으라' 고 아이들에게 말해 주지 않습니다.

감각이 있거나, 스스로 깨우치는 몇몇 아이들을 제외하면

초등학교 1학년 때나 고 3때나 그저 글자를 읽을 뿐,

독서의 방법을 제대로 알지 못해

머리말

독서의 재미도 모르고, 그저 힘들게 억지로 책을 읽습니다.

여러 선생님들이 지적하시는 것처럼
읽기의 과정은 우선 자기 감정으로 충실히 글을 접할 수 있는
마음의 여지와 그릇이 있어야 합니다.
그리고 책의 내용을 무조건 받아들일 것이 아니라, 주어진 정보를 사실적으로 이해한 후, 책에 없는 내용을 스스로 상상해서 이해를 넓히고,
스스로 비판적인 기준을 제시하며 읽으면 사고의 범위와 수준이 확장될 것입니다.
이에 더해 읽은 내용을 새롭고 창의적으로 활용할 줄도 알아야 하며,
여러 가지 다른 글을 읽고 비교하면서 이해와 지식, 더 나아가 지혜를 넓혀야 합니다.
특히 최근에는 단순히 글 만이 읽기의 대상이 아닙니다.
그래서 주변에 범람하는 그 수많은 의미들, 광고와 신문 기사와 영화와 방송물들까지 읽어낼 수 있는 능력을 갖추어야 합니다.

요즘은 독서와 함께 논술도 덩달아 뜨고 있습니다.
논술과 독서는 떨어질 수 없습니다.
대학도 독서 결과를 서류로 평가하기보다는
그것을 글과 말로 평가하여 학생 속의 그릇과 깊이를 보려고 합니다.
그리고 공부의 기본은 읽고, 생각하고, 쓰기입니다.
그래서 이 책은 독서의 방법을 알려 주고, 논술로 자연스럽게 연결되도록 배려하였습니다.

이 책을 공부하는 모든 아이들이 스스로 읽고 생각하는 재미를 아는 것만이
이 책의 유일한 출간 목표임을 말씀드리며, 독서 · 논술 교육이 여러모로 더 좋아지고 풍성해지길 하는 바람입니다.

저자 일동

이 책을 공부하기 전에

1. 이 책은 최초로 독서 교육을 방법론적인 부분으로 접근한 교재입니다. 8가지의 독서 방법론을 순차적으로 밟아 가며 독서를 체계적이고 심층적으로 배움으로써 실질적이고 효율적인 독서·논술 학습이 가능하도록 하였습니다.

2. 무조건 읽는 것이 아니라 읽는 방법부터 가르치는 본 교재는 완벽한 독서를 위해 독서 방법을 8가지로 나누어 제시하고 있습니다. 실제 독서를 할 때에는 이 방법들을 적절히 조화하여 적용하도록 합니다. 이러한 독서 훈련은 재미있는 책읽기를 실현할 수 있을 뿐 아니라 변화한 입시를 체계적으로 준비하는 과정이 될 것입니다.

1 자기 감정으로 읽기
주인공은 바로 너! **09**

2 사실적으로 읽기
있는 그대로 보라구! **23**

독서에서 논술로 01
노인 학대 남의 일 아니야! **37**

3 추리·상상하며 읽기
숨어 있는 내용을 찾자! **43**

4 비판하며 읽기
내 생각은 달라! **57**

독서혁명 순서 보기

h a k c h u n

● **독서에서 논술로 02**
누구를 위한 배움인가! 71

5 구조 파악하며 읽기
구석구석 따져가며 읽자! 77

6 비교하며 읽기
같거나 다르거나! 91

● **독서에서 논술로 03**
어린이도 사람이다? 105

7 창의적으로 읽기
생각의 편견을 버려! 111

8 미디어 읽기
정보의 바다에 빠져 봅시다! 125

● **독서에서 논술로 04**
얼굴만 예쁘면 다야? 139

책 속의 책 GUIDE & 가능한 답변들

01

자기 감정으로 읽기
· 글의 내용을 자기의 감정과 입장으로 실감나게 읽는 방법을 훈련합니다.
· 글의 내용을 나의 문제로 연관시켜 읽는 훈련을 통해 책에 대한 이해를 높여주고 수준 높은 감동과 재미를 느낄 수 있게 해 줍니다.

02

사실적으로 읽기
· 책의 내용을 정확하게 이해하고 파악하는 방법을 연습합니다.
· 글의 정보를 바르게 이해하고 소화할 수 있는 독서 연습을 통해 정확한 정보의 이해력을 높이고 독서 속도를 빠르게 키워 줍니다.

03

추리 · 상상하며 읽기
· 글 속에 숨은 정보까지 찾아내어 폭넓게 이해하고 풍부한 파악하는 방법을 연습합니다.
· 글과 연계된 다양한 상황들을 추론하고 상상하는 독서 연습을 통해 창의력과 논리적인 사고력을 키워 줍니다.

04

비판하며 읽기
· 글의 내용을 자신의 생각과 판단으로 비판하며 읽는 방법을 연습합니다.
· 논리적으로 비판하며 책을 읽는 훈련으로 판단력과 사고력을 키워 주고 적극적이고 주도적인 독서 습관을 길러 줍니다.

독서혁명 학습 시스템

구조 파악하며 읽기
- 책의 내용을 개념과 구조, 시간 순서 등에 의해 입체적으로 읽는 방법을 연습합니다.
- 인물간의 관계, 사건의 순서, 작자가 설치한 내용 구조 등을 파악하는 훈련을 통해 효율적인 독서 능력을 키워 주며, 깊이 있는 독서를 할 수 있게 합니다.

비교하며 읽기
- 서로 다른 글의 내용을 비교하고 관계를 파악하며 글을 읽는 방법을 연습합니다.
- 여러 책의 내용을 유사관계, 대립관계, 인과관계 등 다양한 관점으로 읽는 훈련을 통해 자기 판단력을 키우고 다양한 정보를 파악하는 안목을 기릅니다.

창의적으로 읽기
- 책을 자유롭고 창의적으로 읽는 방법을 연습합니다.
- 새로운 시각으로 글을 읽어 보는 훈련을 통해 책읽는 재미를 더하며, 폭넓고 개성있는 사고력을 키웁니다.

미디어 읽기
- 책 이외의 다양한 매체가 전달하는 내용을 효과적으로 이해하는 방법을 연습합니다.
- 각종 매체들을 비판, 공감, 변형, 발전적으로 읽는 연습을 통해 유용한 정보를 정확하고 빠르게 파악하는 안목과 비판적인 시각을 키웁니다.

'독서'에서 '논술'로
- 앞서 읽은 지문의 내용과 연계된 또 다른 지문을 읽고 한 편의 논술을 완성해 봅니다.
- 대입 논술 기출문제에서 현재 사회 이슈가 되고 있는 문제까지 다루어 대입 논술 수준의 사고력과 글쓰기 실력을 키웁니다.
- 두 개의 단원이 끝날 때마다 제공되어 총 4회의 논술쓰기 훈련으로 구성되어 있습니다.

Chapter 1

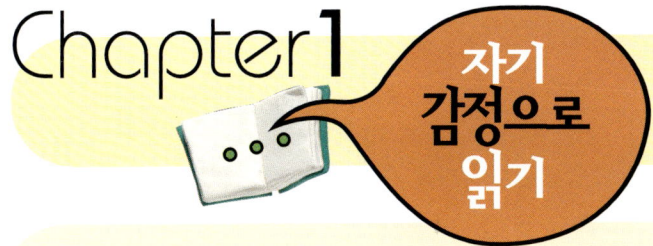
자기 감정으로 읽기

주인공은 바로 너!

감정에 한 번 빠져 보실랍니까?

01 김치를 싫어하는 아이들아
02 아버지의 생일
03 나비야 날아라
04 너는 특별하단다

Prologue

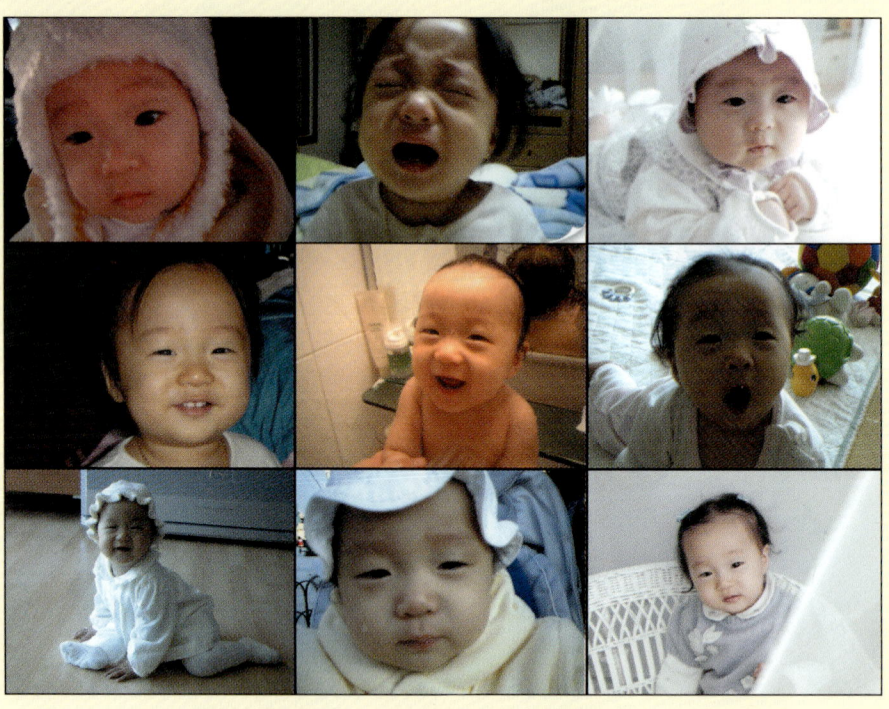

감정에도 여러 종류가 있지?
책을 읽을 때도 다양한 감정을 살려서 읽어 보자!

자기 감정으로 읽기
HAKCHUN

1. 왜 〈자기 감정으로 읽기〉가 중요하죠?

TV 프로그램이나 음악도 마찬가지지만 책도 읽는 사람이 재미와 즐거움, 슬픔과 기쁨을 흠뻑 느끼며 읽는 것이 중요합니다. 그런데 우리는 자칫하면 책을 그저 공부하기 위해서만 읽게 되고, 그러다보니 재미나 감동을 찾지 못하는 경우가 많습니다. 또 책 속의 내용을 나와는 별로 상관없는 것처럼 이해하니 역시 더 감동과 재미가 없을 수밖에요.

2. 〈자기 감정으로 읽기〉를 하면 뭐가 좋죠?

우선 책의 내용에 좀 더 깊이 빠져들 수 있습니다. 그리고 지겹고 재미없었던 책읽기에서 재미있는 책읽기를 할 수 있죠. 재미있는 책은 재미있게, 슬픈 책은 슬프게 말이죠. 또 모든 문제를 나와 연관시켜 읽으니까 책에 대한 이해도 깊어집니다. 주인공의 아픔을 나의 아픔으로 읽으니 당연한 일이겠지요.

3. 어떻게 하면 〈자기 감정으로 읽기〉가 될까요?

- 책 속의 모든 상황을 〈나라면 어떻게 했을까?〉의 방식으로 생각해 봅니다.
- 책 속의 내용을 드라마와 영화의 장면처럼 생각해 보고 좀 더 생생하게 느껴보도록 합니다.
- 마음을 열고 책 속의 내용에 빠져들기 위해 노력합니다.

01 김치를 싫어하는 아이들아

• 동시 읽기

서울시 교육청 선정 도서
〈초 4-2 국어과〉

• 김은영, 「김치를 싫어하는 아이들아」: 시골 마을 분교 아이들과 마을 사람들의 살아가는 이야기가 정겹지만 가슴 아프게 다가오는 동시집

※ 다음 시를 읽고 질문에 답해 봅시다.

샐러드는 잘 먹어도
김치는 싫어하는 아이들아
케첩은 잘 먹어도
된장 고추장은 싫어하는 아이들아

딱 한 번만이라도 좋으니
된장 고추장에
푸르딩딩한 풋고추
푹 찍어 먹어 보자

㉠ ┌ 아려 오는 혀와 입술
   │ 타오르는 목구멍
   │ 입 크게 벌리고
   │ 허-
   │ 숨을 내뱉으면
   │ 혀 밑으로
   └ 끈끈하고 맑은 침이 고이리라

바로 그 때
시원한 나박김치 국물
몇 숟갈 떠먹어 보자
그래도 맵거든
백두산 천지를 마시듯
후루룩 들이켜 보자.

시의 감정을 나의 감정으로 표현해 보는 거야!

① ㉠은 어떤 느낌을 표현하고 있습니까?

② 풋고추를 먹어 본 적이 있나요? 있다면 그 느낌은 어떠했습니까?

풋고추를 먹어 본 적이 (있다 / 없다)	
(있다면) 느낌은?	
(없다면) 느낌 상상해 보기!	

③ 내가 기억하는 가장 맛있는 음식은 무엇입니까?

④ 위에서 쓴 맛있는 음식의 맛을 시로 표현해 봅시다.

02 아버지의 생일

TEXT GUIDE

- 산문 읽기
- 이철환, 「연탄길2」: 가난한 동네 학원 선생님으로 일했던 지은이가 7년 동안 만난 사람들의 따뜻한 이야기를 엮은 책

※ 다음 글을 읽고 질문에 답해 봅시다.

비에 젖은 아침 햇살이 콘크리트 바닥에 얼굴을 비비며 도란도란 속삭이고 있었다. 완섭 씨는 갈색 머리칼을 살랑살랑 흔들고 있는 가로수를 바라보며 졸음에 겨운 하품을 했다. 바로 그때 음식점 출입문이 열리더니 여덟 살쯤 돼 보이는 여자 아이가 어른의 손을 이끌고 느릿느릿 안으로 들어왔다.

두 사람의 행색은 한눈에 봐도 걸인임을 짐작할 수 있었다. 완섭 씨는 자리에서 벌떡 일어나 그들을 향해 신경질적으로 말했다.

"이봐요! 아직 개시도 못했으니까, 다음에 와요!"

아이는 아무 말 없이 앞을 보지 못하는 아빠의 손을 이끌고 음식점 중간에 자리를 잡고 앉았다. 완섭 씨는 그때서야 그들 부녀가 음식을 먹으러 왔다는 것을 알았다. 하지만 식당에 오는 손님들에게 그들 부녀 때문에 불쾌감을 줄 수는 없었다. 더욱이 돈을 못 받을지도 모르는 사람들에게 음식을 내준다는 게 완섭 씨는 왠지 꺼림칙했다.

"저어, 아저씨! 순대국 두 그릇 주세요."

계산대에 앉아 있던 완섭 씨는 손짓을 하며 아이를 자기 쪽으로 불렀다.

"미안하지만 지금은 음식을 팔 수가 없구나. 거긴 예약손님들이 앉을 자리라서 말야."

그렇지 않아도 주눅든 아이는 주인의 말에 낯빛이 금방 시무룩해졌다.

"아저씨, 빨리 먹고 갈게요. 오늘이 우리 아빠 생일이에요."

아이는 자리로 가더니 아빠를 다시 일으켜 세웠다. 그리고 화장실이 바로 보이는 맨 끝자리로 아빠와 함께 가서 앉았다.

"아빠는 순대국이 제일 맛있다고 그랬잖아. 그치?"

"응……."

아빠는 조금씩 손을 떨면서 국밥 한 수저를 떴다. 수저를 들고 있는 아빠의 두 눈 가득히 눈물이 고여 있었다. 그 광경을 지켜보던 완섭 씨는 자신도 모르게 마음이 뭉클해졌다. 그리고 조금 전 자기가 아이한테 했던 일에 대한 뉘우침으로 그들의 얼굴을 바라볼 수 없었다.

음식을 먹고 나서 아이는 아빠 손을 끌고 완섭 씨에게 다가왔다. 그리고 아무 말 없이 계산대 위에 천 원짜리 넉 장을 올려놓고 주머니 속에 있는 한 움큼의 동전을 꺼내고 있었다.

"애야, 그럴 필요 없다. 식사 값은 이천 원이면 되거든. 아침이라서 재료가 준비되지 않아서 국밥 속에 넣어야 할 게 많이 빠졌어. 그러니 음식값을 다 받을 수 없잖니?"

완섭 씨는 미소를 지으며 아이에게 천 원짜리 두 장을 다시 건네주었다.

"고맙습니다, 아저씨!"

"아니다. 아까는 내가 오히려 미안했다."

완섭 씨는 출입문을 나서는 아이의 주머니에 사탕 한 움큼을 넣어주었다.

"잘 가라."

"네, 안녕히 계세요."

아픔을 감추며 웃고 있는 아이의 얼굴을 완섭 씨는 똑바로 볼 수 없었다. 총총히 걸어가는 아이의 뒷모습을 보는 완섭 씨 눈가에도 어느새 맑은 눈물빛이 반짝거렸다.

❶ 완섭 씨가 처음에 아빠의 손을 이끌고 음식점에 들어오는 여자 아이를 신경질적으로 대한 까닭은 무엇인지 말해 봅시다.

2 완섭 씨가 여자 아이를 대하는 모습이 처음과 다르게 변한 까닭은 무엇입니까?

....

....

3 나의 부모님은 무슨 음식을 가장 좋아하십니까?

....

....

4 내가 가난한 여자 아이의 입장이라면 부모님이 좋아하시는 음식을 사드릴 수 있었을까요? 여자 아이의 입장이 되어 써 봅시다.

....

....

....

5 여자 아이는 자신의 아버지를 부끄러워하지 않았습니다. 나의 경우는 어떠합니까?

부모님을 부끄럽게 생각한 적이 (있다 / 없다)	
까닭	

03 나비야 날아라

- 동화 읽기

- '나비야 날아라' : 심장이 약한 현아가 훨훨 나는 나비처럼 건강한 어린이가 되어 마음껏 뛰어놀기를 바라는 선생님과 친구들의 사랑이 담긴 이야기

※ 다음 글을 읽고 질문에 답해 봅시다.

현아는 심장이 약한 아이였습니다. 조금만 뛰어도 숨이 차서 몹시 괴로워하는 아이였습니다. 현아를 생각하니 나는 마음이 답답해졌습니다.

나는 아이들을 운동장에 두고 살며시 교실로 들어갔습니다. 현아는 사육 상자 속을 들여다보고 있었습니다. 아침까지만 해도 사육 상자 속에는 번데기 다섯 마리가 있었습니다. 그런데 가까이 가 보니 어느새 두 마리는 배추흰나비가 되어 있었습니다.

거미줄 같은 고치 속에서 하얗고 아름다운 날개를 가진 나비가 탄생하려는 순간이었습니다. 나도 현아와 함께 숨을 죽였습니다.

"선생님!"

하얀 나비가 나오자 현아는 나를 가만히 불렀습니다.

㉠ "저 나비는 얼마나 좋을까요?"

현아는 푸르스름한 입술을 달싹이며 떨고 있었습니다. 나는 무슨 말을 어떻게 하여야 할지 정말 알 수 없었습니다.

"선생님, 여기 계셨네요?"

언제 들어왔는지 아이들이 모여 있었습니다.

"어, 번데기가 나비가 되었다!"

아이들은 나비를 보자 일제히 환호성을 질렀습니다.

"선생님, 나비 시집 보내요. 저 파란 하늘로 날려 보내요."

"그래, 그게 좋겠구나!"

웬일인지 나는 눈물이 날 것 같았습니다. 작은 날개를 파닥이며 푸른 들판을 자유롭게 날아가는 나비를 보니 가슴이 뛰었습니다.

"선생님, 저도 나비처럼 훨훨 날아 보았으면 좋겠어요."

현아가 작은 목소리로 말하였습니다. 현아의 눈은 꿈꾸듯 젖어 있었습니다.

㉡ 그 날, 현아와 내 가슴 속에는 하얀 나비가 도장처럼 꽉 찍혔습니다. 그 나비는 조금씩 자라기 시작하였습니다.

1 ㉠ 현아가 나비를 부러워한 까닭은 무엇입니까?

2 ㉡ 현아와 선생님의 가슴 속에 하얀 나비가 도장처럼 찍히고, 나비는 날마다 조금씩 자라기 시작했다는 말의 의미는 무엇입니까?

3 다음에 나오는 사례를 읽고 어떤 마음이 드는지 써 봅시다.

> 승우는 사방이 온통 비닐 커튼으로 둘러싸인 무균실에 갇혀 산다. 승우를 만나기 위해서는 비닐 가운과 실내화를 착용하고 소독약으로 손을 깨끗이 씻어야 한다. 그래도 승우의 맨 얼굴을 볼 수가 없다. 고성능 필터로 세균과 곰팡이들을 걸러내야 하는 무균실에서 공기 한 점이라도 바깥의 것은 허용되지 않기 때문이다. 링거를 이용한 수액주사, 라인을 통한 정맥주사, 그리고 먹는 약 등 다양한 방법으로 항암제가 투여되면 승우는 고통을 이기지 못해 수없이 까무러친다. 고열과 구토를 반복하며 몸이 종양과의 싸움을 해내는 동안 승우 어머니가 할 수 있는 일은 기도밖에 없었다.   -〈여성 동아〉 발췌-

4 주변에서 아픈 친구를 보았을 때 어떻게 하였는지 나의 경험을 말해 봅시다.

04 너는 특별하단다

- 동화 읽기
- 맥스 루카도,「너는 특별하단다」: 자신이 늘 못났다고 생각하는 작은 나무 사람 펀치넬로가 자신은 세상에 단 하나뿐인 특별한 존재라는 것을 발견해 가는 과정을 아름답게 그린 이야기

※ 다음 글을 읽고 질문에 답해 봅시다.

　웸믹이라는 작은 나무 사람들이 있었어. 그들은 모두 엘리라는 목수 아저씨가 만들었지.
　웸믹들은 제각각 다른 모습을 하고 있었어. 아주 코가 높거나, 눈이 커다란 웸믹, 키가 크거나, 키가 작거나, 모자를 쓰거나, 외투를 입은 웸믹도 있었지. 하지만 그들은 모두 한 목수가 만들었고, 다같이 한 마을에 살았어.
　웸믹들은 날마다 똑같은 일을 하며 살았어. 금빛 별표가 든 상자와 잿빛 점표가 든 상자를 들고 마을 구석구석을 돌아다니며 만나는 이들마다 서로 별표나 점표를 붙이며 하루를 보냈지.
　나무결이 매끄럽고 색이 잘 칠해진 웸믹들은 항상 별표를 받았어. 하지만 나무결이 거칠고 칠이 벗겨진 웸믹들은 늘 잿빛 점표를 받았지.
　재주가 뛰어난 웸믹들도 별표를 받았어. 무거운 것을 번쩍 들어올릴 만큼 힘이 세거나, 높은 상자를 훌쩍 뛰어넘을 수 있는 웸믹들, 어려운 단어를 줄줄 외거나, 노래를 아름답게 부를 줄 아는 웸믹들에겐 앞다투어 별표가 붙었지. 하지만 웸믹들 중에는 재주가 없는 이들도 있었어. 그들은 언제나 잿빛 점표를 받았지.
　펀치넬로도 그 중의 하나였어. 어쩌다 밖에 나가도 펀치넬로는 점표가 많이 붙은 이들하고만 어울렸어. 왠지 그게 더 마음이 편했거든. 그런데 어느 날 펀치넬로는 우연히 어떤 웸믹을 만났어. 그녀는 지금껏 본 그 누구와도 달랐어.
　그녀의 몸에는 별표도, 점표도 아무것도 없었어. 그냥 깨끗한 나무일 뿐이었어. 그녀의 이름은 루시아였지.
　펀치넬로는 루시아에게 다가가 그녀의 몸에는 어째서 표가 없느냐고 물었어.
　"별 거 아니야. 난 매일 엘리 아저씨를 만나러 가는 것 뿐이야."
　마침내 엘리 아저씨를 찾아가기로 마음먹었어.
　"아무래도 그냥 집에 가야겠어."
　바로 그 순간 펀치넬로의 귀에 자기 이름을 부르는 소리가 들렸어.

네가 특별한 까닭이 뭔 줄 알아? 그건 다름아닌 네가 너이기 때문이야. 자신을 소중히 대하는 마음으로 읽어 봐!

"흠… 나쁜 표를 많이 받았구나."

"저도 이런 표를 받고 싶진 않았어요. 엘리 아저씨, 전 정말 열심히 노력했어요."

"얘야, 내게 변명할 필요는 없단다. 나는 다른 웸믹들이 어떻게 생각하는지 상관하지 않는다."

"정말요?"

"물론이지 펀치넬로. 남들이 어떻게 생각하느냐가 아니라 내가 어떻게 생각하느냐가 중요하단다. 난 네가 아주 특별하다고 생각해. 왜냐하면, 내가 널 만들었기 때문이지. 너는 내게 무척 소중하단다."

지금까지 그 누구도 펀치넬로를 엘리 아저씨처럼 바라본 적은 없었어.

"어째서 루시아의 몸에는 표가 붙지 않나요?"

아저씨가 온화한 목소리로 말했어.

"루시아는 남들이 어떻게 생각하느냐보다 내가 어떻게 생각하느냐가 더 중요하다고 마음먹었기 때문이지. 그 표는 네가 붙어 있게 하기 때문에 붙는 거란다."

"뭐라고요?"

"그 표는 네가 그것을 중요하게 생각할 때만 붙는 거야. 네가 나의 사랑을 깊게 신뢰하면 할수록 너는 그 표들에게 신경을 덜 쓰게 된단다."

"무슨 말씀인지 잘 모르겠어요."

"차차 알게 되겠지. 시간이 좀 걸릴 거야. 네 몸에는 표가 많이 붙어 있구나. 이제부터 날마다 나를 찾아오렴. 그러면 내가 널 얼마나 소중하게 여기는지 알게 될 테니까. 내가 너를 만들었고, 넌 아주 특별하단다. 나는 결코 좋지 못한 나무 사람을 만든 적이 없어."

펀치넬로는 서둘러 발걸음을 옮기면서도 마음속으로 이렇게 생각했어.

'그의 말이 맞을지도 몰라.'

바로 그 순간, ㉠ 펀치넬로의 몸에서 점표 하나가 땅으로 떨어졌어.

❶ 웸믹들은 어떤 때 서로 금빛 별표와 잿빛 점표를 받거나 붙였습니까?

금빛 별표

잿빛 점표

❷ 웸믹들처럼 나에게 있어서 금빛 별표와 잿빛 점표는 무엇입니까?

금빛 별표	잿빛 점표
그림을 잘 그리는 것	발표를 잘 못하는 것

❸ ㉠ 펀치넬로의 몸에서 점표 하나가 떨어졌다는 것은 무엇을 의미합니까?

❹ 나를 싫어했던 적이 있나요? 내가 특별한 사람이라는 것을 인식하고 내게 있는 잿빛 점표를 극복할 수 있는 방법을 써 봅시다.

많은 사람들은 이렇게 얘기하곤 합니다. 세상은 많이 변했다고, 무서운 세상이라고. 자기밖에 모르는 사람들로 인해 세상이 재미없다고. 그러면 그런 사람들에게 묻고 싶습니다. 당신들은 가난과 기근, 질병 등이 끊이질 않는 곳에서 어려운 사람들을 돌아볼 수 있는 마음이 있냐고……. 세상에 자기밖에 모르는 사람들이 많다고 해도 남을 돌볼 줄 아는 사람들은 남아 있습니다.

모든 일을 내 중심에서 바라보는 것이 아니라, 다른 사람의 입장에서 현재 나의 모습을 발견할 수 있었으면 합니다. 책을 읽을 때도 등장 인물들의 마음을 먼저 헤아려 본 후 나의 모습을 비춰보면서 인물들의 마음을 가까이 느껴보는 것이 중요합니다.

Chapter 2

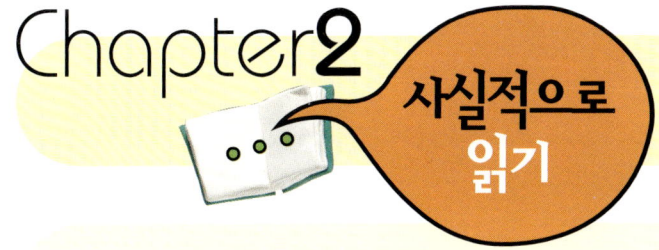
사실적으로 읽기

있는 그대로 보라구!

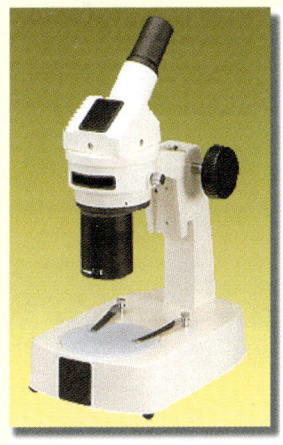

대충 보지 말고 정확하게 보라구~!

01 현대 사회 속에서의 효
02 용감한 애덤
03 비겁한 놈
04 할아버지가 꿈꾸는 세상

Prologue

 어제 본 공연 보고서를 써야 하는데, 기억이 안 나~.

 그러게~! 순서도 뒤죽박죽, 어떤 것들을 봤는지도 가물가물~.

 그러니까~ 내용을 정확하게 보고 이해하는 버릇을 들였어야지.

사실적으로 읽기
HAKCHUN

1. 왜 〈사실적으로 읽기〉가 중요하죠?

책을 잘 읽는다는 것은 물론, 주어진 글 속의 내용을 있는 그대로 이해하는 것이 다는 아닙니다. 그러나 일단 주어진 글의 내용을 있는 그대로 이해하고 소화할 수 있는 능력을 기본적으로 갖춰야겠지요. 그래서 이번 장에서는 글의 정보를 바르게 이해하고 소화하는 공부를 중심으로 하게 됩니다.

2. 〈사실적으로 읽기〉를 하면 뭐가 좋죠?

무엇보다 정보의 이해가 정확해지면, 점차 읽는 속도도 빨라질 수 있습니다. 우리가 교과서를 공부하거나, 신문을 보거나 아니면 나중에 중·고등학교에 가서 더 어려운 책들을 보게 될 때, 우선 이해력이 남보다 좋다면 더 바랄 것이 없겠죠. 꼭 설명문뿐 아니라, 모든 글과 자료들은 일단 정보의 정확한 이해가 가장 우선이랍니다.

3. 어떻게 하면 〈사실적으로 읽기〉가 될까요?

- 책을 읽을 때 좀 더 집중해서 차근차근 읽으려고 노력합니다.
- 책에서 다루고 있는 정보가 무엇인지 확인하고, 머릿속에 되새기며 읽습니다.
- 문단별로 중심 내용을 다시 한 번 머릿속으로 확인하고 넘어가는 버릇을 갖습니다.

01 현대 사회 속에서의 효

- 광고 읽기, 신문 기사 읽기
- 가 김남홍, 〈등돌린 자식〉 : 광고대상 신문부문 장려상 수상
- 나 〈연합뉴스〉 기사 발췌 : 갈수록 심해지는 노인 학대의 심각성에 대한 기사로 노인 학대가 타인이 아닌 자식들에 의해 자행되고 있다는 분석의 결과를 보여 주고 있는 기사

※ 다음 가 의 광고와 나 의 기사를 보고 질문에 답해 봅시다.

가

나 ㉠

노인 학대는 대부분 아들과 딸 등 자식들에 의해 자행되는 것으로 나타났다.

인천시 노인 학대 예방센터는 지난해 12월 10일 개설 이후 최근까지 56건의 노인 학대 관련 상담을 한 결과, 학대자로 아들이 71%로 가장 많았고 딸과 배우자는 각각 9%, 며느리 5%, 기타 6% 등으로 집계됐다고 16일 밝혔다.

학대 유형으로는 언어, 정서적 학대가 55%, 식사나 질환 방치 등이 23%, 금전강취나 생활비 요구 거절 등 재정적 학대가 15% 등으로 나타났다.

노인 학대 예방센터는 학대 행위가 신고 되면 피해 노인과 가족을 대상으로 상담을 벌이고 필요할 경우 법률, 의료, 복지 서비스를 제공하고 보호받을 수 있도록 조치하고 있으나 상담 노인들이 학대자의 신원을 밝히기를 꺼려 상담에 어려움을 겪고 있다고 말했다.

센터는 24시간 긴급신고전화(1389)를 운영하고 있으며 홈페이지(http://ic1389.or.kr)를 통해서도 상담을 하고 있다.

1 가 광고의 소재는 한자입니다. 한자를 어떻게 활용하여 광고하고 있는지 설명해 봅시다.

2 나 의 기사와 내용이 다른 것은? ( )

① 노부모를 학대하는 사람들은 아들이 71%로 가장 많았다.
② 노인 학대 예방센터는 피해 노인과 가족을 대상으로 상담만을 하고 있다.
③ 노인 학대 예방센터 상담원들은 노인들이 학대자들의 신원을 밝히기를 꺼려 상담에 어려움을 겪고 있다고 말했다.
④ 학대 유형은 정서적 학대가 55%, 식사나 질환 방치 등이 23%, 금전갈취나 생활비 요구 거절 등 재정적 학대가 15% 등으로 나타났다.
⑤ 상담 센터는 24시간 긴급신고전화(1389)를 운영하고 있으며 홈페이지(http://ic1389.or.kr)를 통해서도 상담이 가능하다.

3 나 의 ㉠에 들어갈 제목을 붙인 것으로 적절하지 않은 것은? ( )

① 노인 공경 문화, 어디로 갔나?
② 자식들, 키워봤자 소용 없다?
③ 노인 학대의 85%, 자식들이 자행
④ 노인 학대 예방센터, 이대로 좋은가?
⑤ 자녀들의 폭력! 더 이상 참지 마세요

4 가 와 나 의 공통된 주제가 무엇인지 써 봅시다.

02 용감한 애덤

- 동화 읽기

서울시 교육청 선정 도서
〈초 4-1 국어과〉

- 박정희, 「티타늄 다리의 천사 애덤 킹」: 두 다리 대신 티타늄으로 만든 다리를 가진 입양 장애 소년 애덤 킹의 이야기

※ 다음 글을 읽고 질문에 답해 봅시다.

"아빠……."
소년은 옆에 서 있던 아빠를 올려다봅니다. 아빠는 말하지 않아도 아들의 걱정과 두려움을 알아봅니다.
"겁나지? 걱정하지 마. 잘 할 수 있어. 네 옆에 아빠가 있잖아."
아빠가 손을 꼭 쥐어 주자 소년은 눈을 감고 숨을 한 번 크게 들이켰습니다.
"애덤, 이번에 시구를 하게 된 것은 네가 하느님의 심부름꾼인 천사로 뽑혔기 때문이야."
소년의 귀에 아빠와 자신을 공항까지 데려다 주며 엄마가 했던 말이 들려오는 듯합니다.
㉠ "날개 대신 네 포켓몬스터 다리가 있잖아. 그 다리 때문에 하느님이 널 천사로 뽑은 거지. 너의 모습을 보면서 많은 사람들이 희망과 용기를 얻을 수 있거든. 그것이 하느님이 너를 통해 사람들에게 전하려는 메시지야."
엄마를 떠올리고 나니 겁나던 게 조금은 나아진 것 같습니다. 소년은 다시 용기를 내어 걸어갑니다.
"안녕하세요?"
수도 없이 연습했던 인사말이었는데 그것도 연습할 때처럼 잘 되지가 않습니다. 그래도 거기까지는 할 수 있었는데 그 다음부터는 전혀 생각이 나지 않습니다. 아빠가 이런 경우를 대비해 놓은 것이 천만다행입니다. 애덤의 귀에는 이어폰이 꽂혀 있었거든요.
"자, 애덤. 잘 했다."
아빠가 곁에서 낮은 목소리로 용기를 북돋아 줍니다. 운동장 저쪽에 계시던 강 선생님이 이 사태를 파악합니다. 무전기를 입에 대고 애덤이 따라 할 수 있도록 또박또박 한 마디씩 연습했던 메시지를 전해줍니다.
㉡ "용기만 있으면… 장애는… 문제가… 안 돼요. 희망과… 용기를… 가지면… 모든 것이… 이루어집니다."
아빠가 미리 준비하지 않았다면 이 중요한 메시지를 못 전하고 말았을 것입니다. 사실 그 말을 전하려고 정말 멀고 먼 지구의 반대 편에서 날아왔는데요. 드디어 소년에게 공을 건네줍니다. 저쪽 앞에서 방망이를 들고

애덤의 용기가 어디에서 나왔는지 생각해 봐요!

　서 있는 아저씨는 한국에서 유명한 야구 선수 선동렬 아저씨입니다.
　"아이쿠!"
　소년은 속으로 실망의 비명을 지릅니다. 공을 너무 약하게 던져서 땅에 한 번 떨어졌다가 올라 겨우 포수의 손에 들어갔기 때문입니다.
　"다시 한 번 더 던질래요. 훨씬 더 잘 할 수 있단 말이에요."
　소년이 우깁니다. 얼마든지 더 잘 할 수 있는데 하필 오늘은 왜 이 모양인지 정말로 속이 상합니다.
　"하하하. 그만하면 잘 했어. 타자의 헛스윙을 끌어냈잖아."
　아빠가 곁에서 애덤의 어깨를 툭 치며 말합니다.

1 이 글의 내용과 <u>다른</u> 것은 무엇입니까?　　　　　　　　　　　(　　)

① 애덤은 자신감 있는 모습으로 야구공을 던졌다.
② 애덤은 엄마의 말을 떠올려 마음을 가다듬었다.
③ 아빠는 애덤이 시구하는 모습을 관중석에서 바라 보았다.
④ 아빠가 미리 준비한 이어폰 덕분에 애덤은 준비한 말을 할 수 있었다.
⑤ 시구를 잘못한 애덤은 다시 한 번 멋지게 공을 던져 많은 사람들의 박수를 받았다.

2 엄마가 애덤에게 알려 주고 싶었던 것은 무엇인지 ㉠을 읽고 써 봅시다.

3 애덤이 사람들에게 ㉡과 같이 말한 까닭을 생각해서 써 봅시다.

4 만약 내가 애덤과 같은 입장이라면 어땠을까요? 장애인을 바라보는 나의 태도는 어떤지 이야기 해 봅시다.

03 비겁한 놈

TEXT GUIDE

- 동화 읽기

- '꽃으로 쓴 글씨' : '위반'이라고 쓰여진 나무패를 한국어로 이야기한 친구들에게 주면 종례시간에 그 패를 가지고 있는 사람을 벌하겠다는 선생님의 엄포에 동무들 간에 서로 의심하게 된다는 내용

※ 다음 글을 읽고 질문에 답해 봅시다.

나무패에는 일본말로 '위반'이라고 쓰여 있었다. 준식이는 붓으로 쓴 까만 글자가 무슨 괴물처럼 여겨져 얼른 주먹을 쥐어 글자를 가렸다. 곧이어 깐깐한 목소리가 아이들의 마음을 옭아 맸다.

"반장은 그 패를 가지고 있다가, 쉬는 시간에 조선말을 쓰는 동무가 있거든 주어라. 그걸 받은 자는 조선말을 하는 동무가 눈에 띄는 즉시 다시 넘겨 주어라. 선생님은 종례 시간에 누가 그 패를 가지고 있나 보겠다. 맨 마지막으로 가지고 있는 자는 무조건 손바닥 열 대이다. 자, 서로서로 잘 살피도록……. 알았나?"

재미있는 놀이를 기대하였던 아이들은 실망하였다. 여기저기서 수근거리는 소리가 일었다.

"조용히 해!"

선생님은 출석부로 교탁을 탕탕 내리쳤다. 그 소리가 하도 커서 아이들은 모조리 어깨를 움츠렸다.

첫 시간 수업이 끝나고 쉬는 시간이 되었다. 아이들은 긴장하였다. 잘못하여 조선말을 쓰면 안 되기 때문이다. … 중략 …

"아야!"

재득이가 소리를 질렀다. 명서가 뺨을 꼬집었던 것이다. 당연히 조선말이 튀어 나왔다. 느닷없이 일어난 일인데 어떻게 일본말로 아픔을 나타내겠는가? 명서는 다람쥐보다 빠르게 나무패를 떠넘기고는 손바닥을 탈탈 소리나게 털었다.

"비겁한 놈!"

명서의 짝꿍인 승우가 주먹을 불끈 쥐었다. 명서를 향하여 달려들려던 재득이가 주춤하였다. 다음 순간, 재득이는 좋아라 승우 손에 나무패를 쥐어 주고 제자리로 갔다. 승우는 반 동무들이 입을 모아 수를 세는 소리를 들

승우가 맞게 된 까닭은 뭐지?

어 가며 고스란히 손바닥 열대를 맞았다. 다나카 선생님이 몽둥이를 뗐을 때, 승우의 여린 손은 피멍이 들어 푸르뎅뎅하였다.

어머니께서 승우의 손을 보신 건 저녁 밥상머리에서였다. 어머니께서는 꼬치꼬치 캐물으셨다. 아무리 넘어져서 그랬다고 해도 영 곧이듣지를 않으셨다. 승우는 끝내 더듬더듬 '위반'이라고 쓰인 나무패에 대하여 말씀드렸고, 어머니께서는 내내 입술을 잘근잘근 깨무셨다. 방 안에는 침묵이 흘렀다. 아버지께서는 슬픔이 담긴 눈으로 승우를 내려다보셨다. 누이들도 승우도 숟가락을 가만히 내려놓았다. 아버지께서는 두어 번 잔기침을 하셨다.

"승우야."

아버지께서 무거운 목소리로 승우를 부르셨다.

"오늘 보니 뒤울안에 복사꽃이 피었더구나. 아름답더냐?"

"네."

아버지께서는 자리에서 일어나 들창문을 여셨다. 복사꽃이 쏟아져 들어왔다.

"두어 달 전만 해도 저 나무엔 앙상한 가지밖에 없었다. 쌩쌩 부는 바람과 찬 눈을 고스란히 맞고 서 있었지. 꼭 죽은 것처럼……. 그런 나뭇가지에 저렇게 화사한 꽃이 피리라고 누가 생각이나 했겠느냐?"

승우는 아버지의 말씀을 들으며 탐스럽게 핀 복사꽃을 바라보았다.

"그러나 아무리 모진 겨울일지라도 뿌리만 얼어 죽지 않으면 반드시 잎이 돋고 꽃이 핀다. 나라와 민족도 마찬가지란다. 승우야. 넌 나라와 민족의 뿌리가 무엇이라고 생각하느냐?"

"……."

"얼과 말과 글이다. 너희들은 '얼빠진 놈'이라고 욕하는 소리를 들었을 것이다. 맞는 말이야. 얼이 빠진 사람은 정신이 빠지고 없으니 온전한 사람이 아니다. 얼과 말과 글, 그것만 있으면 아무리 모진 비바람에 시달려도 언젠가는 반드시 살아나 꽃을 피울 것이다. 저 복숭아 나무처럼……. 마음에 새겨 두어라."

아빠의 말씀을 통해 승우가 깨달은 것은 무엇일까?

1 이 글의 내용이 아닌 것은? ( )

① 학생들은 조선말을 자유롭게 쓸 수 있었다.
② 쉬는 시간에 교실 안에는 긴장감이 맴돌았다.
③ 재득이가 명서의 뺨을 꼬집어 명서가 소리를 질렀다.
④ 마지막에 나무패를 들고 있던 승우가 선생님께 맞았다.
⑤ 승우의 아버지는 나라와 민족의 뿌리를 얼과 말과 글이라고 하셨다.

2 승우가 부모님께 숨기려고 했던 것과 숨기려고 한 까닭을 써 봅시다.

숨기려고 했던 것 : _____

숨기려고 했던 까닭 : _____

3 우리 말을 썼다고 선생님께 맞은 승우가 아래의 ㉠과 같은 생각을 하는 사람들을 만났다면 뭐라고 했을까요? 승우의 입장이 되어 이야기해 봅시다.

- 신문 기사 읽기
- 〈오마이뉴스〉 기사 발췌 : 외국어 간판, 무분별한 외래어 사용이 난무하는 현실 비판

> 거리를 가득 메운 국적불명의 외국어 간판이 가장 먼저 눈에 들어온다. 간판에 표기되어 있는 내용만으로는 저곳이 무엇을 하는 곳인지 짐작이 안 갈 정도로 헷갈린다.
>
> 일반적으로 광고물의 목적은 사람들이 관심을 갖게 만들고 그 내용을 미리 알 수 있도록 하는 데 있어야 하는데, 이런 간판으로는 충분한 정보를 제공받을 수 없다. 직접 상품 진열대까지 가야만 무엇을 하는 곳인지 알 수 있을 만큼 외국어 옥외 광고물 공해 속에 살고 있다.
>
> ㉠ 거리에서 만난 일부 사람들은 이런 혼란스러운 외국어 표기 광고물에 익숙해졌는지 별 문제의식을 못 느낀다고 한다. 그들은 하나같이 늘 보아 왔기 때문에 무분별한 외국어 표기 광고물을 심각하게 생각해 보지 않았다고 한다.

04 할아버지가 꿈꾸는 세상

- 위인전 읽기

서울시 교육청 선정 도서
〈초 4 - 1 국어과〉

- 송재찬, 「아름다운 농부 원경선 이야기」: 가난으로 힘들었던 어린시절을 딛고, 바른 농사와 바른 삶으로 일군 것을 버려진 아이들과 배고픈 사람들에게 나누어 주며 평생을 함께한 풀무원 원경선 할아버지의 농장 시절의 이야기

※ 다음 글을 읽고 질문에 답해 봅시다.

　새 천년의 새 봄볕이 넓은 농장에 따스하게 내리쬐던 날, 원경선 할아버지는 외손자 진평이와 케일 모종을 옮겨 심었습니다. 진평이는 지난 3월에 중학생이 되었습니다.
　"할아버지, '한삶회'를 시작하신 지도 이제 45년째라면서요? 힘들지 않으셨어요?"
　진평이는 이마에 난 땀을 손으로 훔치며 할아버지와 눈을 맞춥니다.
　"진평아, 참되게 산다는 것은 아주 어려운 일이란다. 한삶회 일도 마찬가지였어. 견디기 힘들 때가 많았지만, 내가 옳다고 생각했기 때문에 할 수 있었던 거지. 그리고 진평아, 때로는 그 힘든 일이 기쁨이 되기도 한단다. 지금 생각해 보면 나는 그 일을 하면서 많은 것을 배운 거지."
　"배우다니요? 뭘요?"
　"다른 사람들, 그러니까 이웃을 사랑하는 마음으로 농사를 지으면 몸과 마음이 건강해진다는 것을 말이야. 그리고 예수님의 말씀처럼 내 먹을 만큼만 남기고 다른 사람에게 나누어 주면 아무도 굶주릴 사람이 없다는 것을 알게 되었지. 우리 풀무원이 생긴 이후, 나는 굶주려서 찾아온 사람을 한 번도 거절하지 않았단다."
　진평이가 자주 듣는 이야기입니다. 자기 먹을 만큼만 남기도 어려운 사람들에게 나누어 주면 이 세상에는 배고픈 사람이 없을 것이라는 이야기…….
　"할아버지, 저도 이제는 할아버지 말씀을 어느 정도는 알 것 같아요. 예수님의 말씀대로 재물을 쌓아 두지 말고 나누면 전쟁도 없을 것이라는 할아버지 이야기를 친구들에게도 해 주었어요."

"우리 진평이도 이제 제법이구나. 이 세상 사람들 모두가 자기 먹을 만큼만 가진다면 얼마나 좋겠니. 그런데 진평아, 아직도 이 세상에는 나누지 않고 남몰래 쌓기에만 정신이 팔린 사람들이 참 많단다. 예수님도 이렇게 말씀 하셨지. 재물을 쌓아 두면 도적이 들끓는다고 말이야. 그러니까 그 도적을 막기 위해 세상에는 군대가 생긴 거란다. 세계의 여러 나라들을 사람이라고 생각해 보렴. 나라도 자신들이 쓸 만큼만 남기고 형편이 어려운 나라에 나누어 준다면 군대가 필요한 이유가 없게 되는 거란다. 알겠니?"

"할아버지 말씀이 맞는 것 같아요. 남몰래 쌓아 둔 것이 없다면 창고도 필요 없을 테고, 그러면 도둑도 생기지 않을 테니까 그 도적을 지킬 군대도 필요 없어지겠어요."

"암, 그렇고말고. 군대가 없어지면 전쟁도 사라져서 바야흐로 평화로운 세상이 오는 거지. 그런데 진평아, 과학이 발달하면서 우리 살림이 더욱 윤택해지고 편하게 된 건 사실이지만, 자신만 잘 살면 된다는 이기주의 때문에 21세기에는 세계가 멸망하게 될지도 모른다고 하는 학자들도 있단다. 자기나 자기 가족들, 그리고 자기 나라만 잘 살면 그만이라는 이기주의는 사람의 몸으로 치면 암과 같은 거야. 결국은 자기 자신까지 파멸시키고 말지. 그러니까 어려운 이웃까지 내 가족처럼 생각하는 마음이 있어야 함께 더불어 살아갈 수 있고, 세상에도 굶주리는 사람이 없어진다고 나는 생각한단다. 한삶회를 이끌면서 내가 깨우친 게 바로 그거야. 그러면 군대도 없어질 테고 전쟁도 사라져 평화가 오지 않겠니?"

어느 새 할아버지의 이마에도 구슬땀이 흘러내립니다.

지금까지도 그랬고, 앞으로도 농부로 살아갈 원경선 할아버지. ㉠ **할아버지가 살고 있는 풀무원 농장은 항상 그리고 누구에게나 열려 있답니다.** 45년 동안 단 하루도 잠근 적이 없을뿐더러, 문을 잠그는 장치도 없으니까요. 그 이유는 굶주린 사람이라면 누구든지, 그리고 언제라도 좋으니 들어오라는 뜻이랍니다.

1. 이 글에서 원경선 할아버지와 관련이 없는 것은? ( )

① '한삶회' 일을 옳다고 생각하고 45년 동안 하셨다.
② 내가 옳다고 생각하고 한 일은 힘들어도 기쁨을 느낄 수 있다고 하셨다.
③ 할아버지는 진평이를 데리고 배고픈 사람들을 찾아 먹을 것과 입을 것을 나누어 주자고 하셨다.
④ 자기 먹을 만큼만 남기고 다른 사람에게 나누어 주면 아무도 굶주릴 사람이 없다고 하셨다.
⑤ 이웃을 사랑하는 마음으로 농사를 지으면 몸과 마음이 건강해진다는 것을 깨달았다고 하셨다.

2. 원경선 할아버지가 말씀하신 평화로운 세상은 어떤 세상인지 써 봅시다.

3. ㉠원경선 할아버지가 살고 있는 풀무원 농장은 왜 항상 열려 있었습니까? 이것을 통해 할아버지는 어떤 분이신지 자신의 생각을 써 봅시다.

Epilogue

전방 100M 앞에서 우회전 하십시오.

예전엔 지도를 보고 모르는 길을 찾아갔지만 요즘엔 '네비게이션'이라는 기계를 통해 모르는 길도 쉽고 빠르게 찾을 수가 있어요.

사실적으로 읽는 것도 마찬가지에요. 책을 사실적으로 이해하며 읽으면 책을 읽는 속도도 빨라지지만 내용을 정확하게 이해할 수 있답니다.

'독서'에서 '논술'로 01 — 노인 학대 남의 일 아니야!

— 효와 노인 학대 문제

영원히 변치 않는 다이아몬드처럼 부모님 사랑도~!

우리나라 사람들은 옛날부터 노인들 모시기를 깍듯이 했지! 그런데 노인 학대? 옛날 같으면 생각도 못했을 일이야. 아무리 시대가 많이 변했다 해도 변치 말아야 할 건 있는 거야. 나의 부모님이 그리고 내가 오랜 세월이 흘러 노인이 되었다고 생각해 봐! 그땐 어떤 기분이 들 것 같니?

※ 앞서 보았던 '효' 광고의 의미를 다시 한 번 상기한 후, 참다운 효와 공경의 의미에 대해 생각해 봅니다.

〈효〉에 관한 주제는 〈2002년 숙명여자대학교〉 논술 기출문제 등 다양하게 출제되었던 문제입니다.

효와 노인 학대 문제에 대하여

TEXT GUIDE
논술쓰기
가 광고 읽기
나 뉴스 보도문 읽기
〈KBS TV〉: **나**는 갈수록 심각해지는 노인 학대의 문제를 다룬 TV 뉴스 보도로 힘없는 노인을 학대하는 주 가해자가 친자식이라는 점에서 노인 학대 문제의 심각성을 보여 주고 있음

가와 **나**에서 지적하고 있는 문제점을 밝히고, 노인을 공경해야 하는 이유를 논술해 봅시다. (500자 ± 100자)

가

孝 등돌린 자식

孝, 부모님을 향한 사랑하고 공경하는 마음입니다.

지금, 우리가 사는 사회의 터를 닦은 건 우리의 할머니 할아버지잖아!

나

앵커 노인 기획으로 오늘은 갈수록 늘고 있는 노인 학대 문제를 다뤄 봅니다. 가정 내 노인 학대는 심각한 수준으로 대부분 아들과 며느리가 가해자지만 이를 막을 수 있는 제도적 장치는 아직 없습니다. 김나미 기자가 취재했습니다.

기자 일주일 전 50살이 넘은 아들에게 맞은 이 할머니는 온몸이 성한 곳이 없습니다. 자식이기에 남에게 말조차 못 한 채 이제 아들은 두려운 존재입니다.

할머니(77세) 소리가 절대 밖에 안 나가게끔 이불을 뒤집어 씌우고 때려요. (아들 집에) 들어가는 것 자체가 겁이 나요.

기자 8남매를 키웠다는 80대 할머니는 더 이상 찾아갈 자식이 없습니다. 자식들 모두 모시기를 꺼려 얼마 전 스스로 요양시설을 찾았습니다.

할머니(81세) 빌딩을 사줘도 자식들이 부모를 안 모시려는 세상인데 어머니는 뭐 했냐고… 내가 키운 것이 억울해.

기자 또 예전에 대표적으로 인식됐던 신체적 학대보다 언어 정서적 학대가 현저히 늘어 부모와 자식간의 갈등이 심각한 수준인 것으로 드러났습니다. 가해자의 경우도 3분의 2가 아들과 며느리지만 대부분 부모들이 이런 사실을 숨기려 해 근본적인 해결이 어려운 상태입니다. 게다가 이들을 위한 쉼터나 노인 학대를 제지하기 위한 법규정마저 없는 상태입니다.

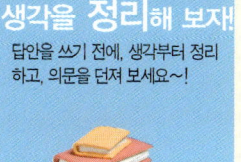

1. 노인 학대가 심각한 사회 문제로 나타나는 까닭을 생각해 봅시다.
2. 노인 학대의 주 가해자는 누구인 것으로 나타나 있습니까?
3. 노인들은 왜 학대를 당한 사실을 숨기려고 합니까?

무엇을 써야 하지?

주어진 논제는 다음과 같은 내용을 요구하고 있습니다.

① 가 광고와 나 글에서 지적하고 있는 문제점을 밝히고,
② 노인을 공경해야 하는 이유를 논술해 봅니다.

먼저, 가 광고가 전달 하고자 하는 의미와 나 글의 보도가 다루고 있는 문제를 밝혀야 합니다. 그리고 난 후, 제시문에서 지적하고 있는 문제점들을 바탕으로 노인을 공경해야 하는 이유를 논술해야 합니다.

어떻게 써야 하지?

1) 광고의 의미를 정확히 알 것!

가 는 '등돌린 자식'이라는 카피와 한자 '효(孝)'에 쓰인 아들 '자(子)'가 등을 돌리고 있어 효에 대해 무관심해져 가는 지금의 세태를 꼬집고 있습니다.

2) 글 속에 나타난 문제의 원인을 생각해 볼 것!

갈수록 심각해지는 가정 내 노인 학대 문제를 보도하고 있습니다. 힘없는 노인을 학대하는 사람의 대부분이 친자식이라는 점이 놀랍습니다. 노인 학대 문제는 경제력과 노동력이 부족한 노인들을 보살피는 것을 경제적인 손해로 여기는 자식들의 태도와, 젊은 시절 사회와 가정을 위해 열심히 일했던 노인들의 삶을 인식하지 못하고 있다는 것입니다.

3) 노인의 입장에서 생각해 볼 것!

경제적으로 자립하지 못하고, 건강 또한 좋지 못한 대부분 노인들의 처지는 먼 훗날 바로 나의 모습이 될 수도 있습니다. 사회 발전과 가정 그리고 꿈을 위해 내달리고 있는 현재 젊은 사람들도 반드시 노인이 된다는 것입니다. 사회를 지탱하고 발전시키는 것이 젊은이들의 몫이라면 우리에게 그러한 삶의 터전을 마련해 준 것은 노인들이라는 사실을 잊지 말고, 그들을 공경하고 보살펴 드려야 하는 것은 당연한 일입니다.

발상 및 구상

이름:

학교   학년   반

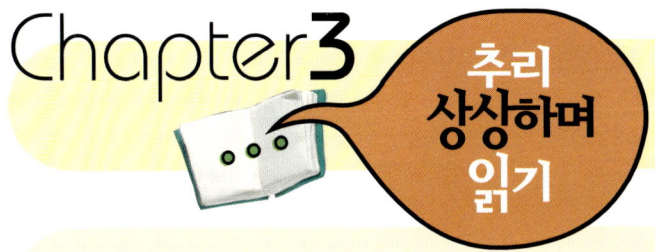

Chapter 3 추리 상상하며 읽기

숨어 있는 내용을 찾자!

구성 : 도우석

숨은 그림 한 번 찾아 볼래?

01 무슨 샴푸 광고일까?
02 디오게네스와 낡은 통
03 항아리의 노래
04 초록 옷을 입은 작은 병사들

Prologue

책을 읽을 땐 겉으로 보이는 내용만 보려하지 말고
그 속에 생략된 내용도 함께 찾아 보는 거야!

추리 · 상상하며 읽기
HAKCHUN

1. 왜 〈추리 · 상상하며 읽기〉가 중요하죠?

앞에서는 주어진 글의 내용을 사실적으로 이해하는 것을 공부했죠? 그러나 책읽기는 그게 다가 아닙니다. 책을 읽을 때는 책에 언급되지 않은 것까지 미루어 아는 능력이 중요하답니다. 가령, 주인공이 어떤 행동을 한다면 〈왜 저런 행동을 할까?〉, 〈기분이 어떨까?〉를 추리하고 상상할 줄 알아야 한다는 거죠. 이렇게 책을 읽어야 같은 책을 읽어도 보다 풍부한 정보를 얻어낼 수 있답니다.

2. 〈추리 · 상상하며 읽기〉를 하면 뭐가 좋죠?

옛말에 문일지십(聞一知十)이라는 말이 있어요. 하나를 들으면 열을 안다는 것이죠. 독서를 통해 이것을 이루려면 그만큼 책을 읽고, 여러분이 갖고 있는 지식을 바탕으로 추리하고 상상하면서 더 새로운 정보들을 찾으려고 노력해야 합니다. 우리가 똑같이 낙엽이 진 것을 봤다고 할 때 〈낙엽이 졌다〉는 것은 있는 그대로의 사실이죠. 그러나 우리는 거기서 〈가을이 왔구나〉를 추리, 상상할 수 있습니다. 아셨죠? 추리 · 상상하며 읽기는 그렇게 어려운 게 아니랍니다.

3. 어떻게 하면 〈추리 · 상상하며 읽기〉가 될까요?

- 〈작자의 생각이 무엇일까?〉, 〈등장 인물의 생각이 어떤 것일까?〉를 생각해 봅니다.
- 등장 인물의 행동에서 알 수 있는 심리와 기분 등을 떠올리며 읽어 봅니다.
- 산문을 읽을 때는 읽은 내용과 관련된 우리 주변의 사례에는 어떤 것들이 있을지 떠올려 봅니다.

01 무슨 샴푸 광고일까?

※ 다음 광고를 보고 질문에 답해 봅시다.

TEXT GUIDE

- 광고 읽기
- 해외 광고 〈샴푸〉: 2003년 칸그랑프리 수상작

소금통과 샴푸는 어떤 관계일까?

❶ 이 광고 중앙에 있는 사진은 소금통입니다. 사진의 소금통이 식당에서 흔히 볼 수 있는 소금통과 다른 점을 찾아 봅시다.

❷ 소금과 소금통 뚜껑에 중점을 두고, 이 광고는 어떤 용도의 샴푸를 알리는 광고일지 써 봅시다.

❸ 앞에서 쓴 샴푸의 용도에 대해 그렇게 생각한 까닭을 써 봅시다.

02 디오게네스와 낡은 통

- 철학 읽기
- 로버트 피셔, 「생각을 키워주는 가치」: 다양한 이야기를 통해 도덕적 판단을 내리는데 기초가 되는 가치에 대한 지식과 이해를 쌓아갈 수 있는 이야기

※ 다음 글을 읽고 질문에 답해 봅시다.

　그리스에 디오게네스라는 철학자가 살고 있었습니다. 그는 큰 집에 살고 있었으며, 시중을 드는 하인이 많이 있었습니다. 그는 포도밭과 과수원도 있었고, 그의 곁에는 언제나 무용수와 음악가, 그를 위해 노래를 불러 주는 가수들이 있었습니다.

　그는 사람들을 거느리고 여러 가지 일을 해야 했기 때문에 늘 정신없이 바빴습니다. 그가 돈이 많다는 것을 알자, 사람들은 끊임없이 그에게 이것을 하라, 또 뭐는 해서는 안 된다고 일러 주곤 하였습니다. 그가 해결해야 할 문제들은 끝이 없어 보였습니다. 하루도 쉴 날이 없었지요. 그는 돈이 많은 부자였지만 행복하지 못했습니다.

　디오게네스가 정말로 좋아하는 것은 조용히 숲 속을 걷는 것이었습니다. 하지만 숲 속에서조차 그의 행복은 오래 가지 못했습니다. 하인들과 관리들이 여러 가지 문제를 들고 찾아와 그를 괴롭혔기 때문입니다.

　그러던 어느 날, 디오게네스는 집안의 모든 하인을 불러놓고 말했습니다.

　"난 정말이지 불행하구나. 내가 갖고 있는 모든 것이 날 괴롭힐 뿐이야. 난 이제 단순하게 살고 싶다. 여행을 하며 세상 이곳저곳을 둘러보고 사람들을 만나 이런저런 얘기를 나누고 싶어."

　그는 친구들을 초대해 잔치를 열고 자신이 지니고 있는 모든 것을 그들에게 나누어 주었지요.

　디오게네스는 자신의 개를 가리키며 말했습니다.

　㉠ "난 개처럼 단순하게 살 것이다. 이 개는 아무것도 가진 게 없지만 행복해 보이지 않느냐?"

　디오게네스는 물을 따라 마실 잔 하나만 들고 길을 떠났습니다.

　마침내 디오게네스는 그리스의 도시 국가인 아테네에 도착했습니다. 그는 그 곳 우물가에서 어린 소년이 두 손을 모아 물을 받아 마시는 모습을 보았습니다.

　"아, 이 잔조차 필요가 없구나."

삶이란 뭘가?

48

이렇게 말하며 그는 잔을 내던졌습니다. 이제 그가 가지고 있는 것이라곤 아무것도 없었습니다.

낯선 아테네에서 디오게네스가 잘 곳은 아무 데도 없었습니다. 그때, 아무도 거들떠보지 않는 낡은 통 하나가 그의 눈에 띄었습니다. 그는 그 통을 자신의 집으로 삼았습니다.

통 속에서 살고 있는 디오게네스의 희한한 모습은 유명해져서 그를 보러 여기저기에서 사람들이 모여들었습니다. 그는 햇빛이 비치는 양지바른 곳에 앉아 자기를 보러 온 사람과 이야기하는 것을 아주 좋아했습니다. 그는 곧 여러 명의 친구들과 사귀게 됐고, 그의 지혜가 담긴 말은 여기저기로 퍼져 나갔습니다.

그러던 어느 날, 알렉산드로스 대왕이 오랜 싸움을 끝내고 돌아오게 되었습니다. 그는 그리스에서 인도에 이르는 대제국을 건설했지요. 그는 자신의 권력과 소유물보다 더 중요한 것은 아무것도 없다고 생각하고 있었습니다. 그런데 디오게네스가 모든 것을 버리고 통 속에 살고 있다는 소문을 듣고는 그를 만나고 싶어 했습니다.

그는 낡은 통 안에 누워 깊은 잠에 빠져 있는 디오게네스를 보았습니다.

"디오게네스, 일어나게!"

왕이 명령했습니다. 디오게네스는 한쪽 눈을 게슴츠레 떴다가는 다시 감아 버렸습니다.

"난 자네에게 이 세상 어떤 것이든 줄 수 있네. 자네가 원하는 걸 말해 보게나. 그러면 내 그걸 주도록 하지."

왕이 말하자 디오게네스가 대답했습니다.

ⓒ "한 걸음만 비켜나 주십시오. 당신이 해를 가리고 있습니다. 제가 바라는 건 그뿐이에요."

1. 디오게네스가 부자였을 때 왜 행복하지 않았습니까?

2. 디오게네스가 ㉠처럼 말한 까닭은 무엇입니까?

3. 알렉산드로스 왕의 명령에 디오게네스가 ㉡과 같이 대답한 까닭을 써 봅시다.

4. 글의 내용을 통해 알 수 있는 디오게네스는 어떠한 성격의 인물입니까?

03 항아리의 노래

※ 다음 글을 읽고 질문에 답해 봅시다.

- 동화 읽기

- '항아리의 노래': 순이네 집 옥상에 있는 금간 항아리는 아무것도 담을 수 없어 몹시 실망하지만 바람의 말에서 희망을 얻는다는 이야기

순이네 집 옥상에는 항아리가 여러 개 있습니다.

어느 맑은 날이었습니다. 고추장 항아리가 어깨를 으쓱거리며 말하였습니다.

"조금 있으면 순이 할머니가 고추장을 퍼 가시겠지? 순이 할머니는 고추장에 오이를 푹 찍어 먹는 걸 좋아하시니까 말야. 뭐든지 고추장처럼 화끈한 게 좋아. 얼마나 정열적이야! 미적지근한 것은 딱 질색이라고!"

"또 흥분하는군. 너는 그게 문제야. 너무 성격이 매워서 남을 이해하거나 용서할 줄 모르지. 생각해 봐. 중요한 것으로 하자면 소금을 담고 있는 나지. 소금이 없으면 사람은 살 수 없다고. 그래서 나는 이 소금을 아끼고 지켜야 해."

소금 항아리가 팔짱을 끼며 말하였습니다.

"흥! 너는 역시 남을 칭찬하는 데에도 짜구나. 너는 매사에 너무 인색해!"

고추장 항아리가 얼굴이 벌겋게 되어 소리쳤습니다.

"허허, 또 흥분했네. 이제 그만하자고. 소금이든, 고추장이든, 무엇인지를 담고 있다는 것이 중요하잖아? 그보다 행복한 일이 또 어디 있겠나?"

"오랜만에 옳은 소리하는군. 하기는 저기 구석진 곳에 있는 금간 항아리를 좀 봐. 언제나 비어 있잖아? 아무것도 담을 수 없으니까 누가 관심이나 가져 주겠어?"

소금 항아리는 고추장 항아리의 말을 듣고 금간 항아리를 쳐다보았습니다.

"누가 아니래. 금간 항아리와 같이 산다는 게 창피해."

"나도 그래. 여보게, 날씨도 좋은데 우리 노래나 함께 부르자고!"

'하루하루 이렇게 산다는 것은 괴로운 일이야. 아무것도 담지 못하고 쓸모없는 몸으로 살아갈 바에야 차라리 벼락이라도 맞아 산산이 부서지는

바람은 어떻게 말했지?

게 나아!'

금간 항아리는 마침내 울먹였습니다.

한 줄기 바람이 금간 항아리 앞에서 머뭇거렸습니다. ㉠ 금간 항아리는 바람에게 관심을 두지 않았습니다.

"조금 쉬었다 가도 괜찮을까요?"

금간 항아리는 자기 귀를 의심하였습니다.

고추장 항아리와 소금 항아리도 눈을 크게 뜨고 바람을 바라보았습니다.

"지금 뭐라고 말했어요?"

"당신에게 앉았다 갔으면 해서요. 하루 종일 골목을 돌아 다니며 감나무와 오동나무 잎을 흔들고 놀았더니 다리가 아프네요."

"정말이세요? 내 가슴에 들어와 쉬어 가겠단 말인가요?"

" ㉡ "

"물론이에요. 어서 들어오세요."

금간 항아리는 바람에게 자기의 가슴을 활짝 열어 주었습니다. 바람은 금간 항아리 가슴에 안겼습니다.

"아, 참 편하네요. 당신은 편안하고 따뜻하군요."

금간 항아리는 기쁜 목소리로 노래를 불렀습니다.

❶ 고추장 항아리와 소금 항아리는 왜 금간 항아리와 같이 사는 것을 창피하다고 했습니까?

② 금간 항아리는 소금 항아리와 고추장 항아리의 말을 듣고 어떤 생각을 하였습니까?

③ ㉠처음에 금간 항아리는 왜 바람에게 관심을 두지 않았습니까?

④ 바람은 왜 고추장 항아리, 소금 항아리가 아닌 금간 항아리에서 쉬고 싶다는 말을 했을까요? ㉡에서 바람은 무슨 말을 했을지 써 봅시다.

⑤ 금간 항아리가 깨닫게 된 것은 무엇입니까?

04 초록 옷을 입은 작은 병사들

TEXT GUIDE

- 동화 읽기
- 안데르센, 「동화의 아버지 안데르센」: 초록 옷을 입은 작은 병사들은 안데르센의 잘 알려지지 않은 동화 중 하나이며, 초록 옷을 입은 작은 병사들이 무엇인지 궁금증을 불러일으키는 이야기

※ 다음 이야기를 읽고 질문에 답해 봅시다.

장미나무에는 초록 옷을 입은 병사들이 살고 있었습니다. 바로 그들이 장미나무를 갉아먹고 있었던 거지요. 나는 그 중 한 병사와 이야기를 나누었습니다. 그는 장미나무에서 살고 있는 무리에 대해 이야기했습니다.

"우린 이 지구에서 가장 신비스런 무리야. 우린 따뜻한 여름에 아이를 낳지. 아이들은 태어나자마자 약혼하고 결혼하거든. 우린 동물 중에서 가장 현명한 개미들을 존경하지. 그런데 바로 그 개미들이 우리를 연구하고 우리의 가치를 알아봤단다. 맨 아래층에다 번호를 매겨서 번호순으로 나란히 층을 쌓아 저장하지. 그러면 어떤 것이 알에서 나올 차례인지 알 수 있거든."

"그래서요?"

"개미는 새로 태어난 우리를 마구간에 갖다 놓고 우리를 꽉 조여 젖을 짜낸단다. 개미들은 우리에게 멋진 이름도 붙여줬단다. '달콤한 작은 젖소'라고."

"으하하. 달콤한 젖소라고요?"

"사람들만 빼고 말야. 사람들이 우리를 부르는 이름은 정말 듣기 싫어. 생각만 해도 입맛이 달아난다니까."

초록 옷을 입은 병사는 잠시 쉬었다가 말을 이었습니다.

"난 장미 잎에서 태어났어. 사람들은 우리가 여기에 사는 꼴을 못 봐. 우리를 비눗물로 씻어내려 한다니까. 오, 그 끔찍한 비눗물! 우린 '많은 아이를 낳고 번창하라'는 축복을 받았어. 우린 장미나무에서 태어나고 장미나무에서 죽지. 우리의 삶은 한 편의 시야."

나는 창가에 서서 장미나무를 바라보며 초록 옷을 입은 작은 병사들에 대해 생각했습니다. ㉠ 사람들이 부르는 이름은 말하지 않겠습니다. 장미

초록색 옷을 입은 작은 병사들은 왜 개미와 친한 걸까?

나무에 사는 그들을 화나게 하고 싶지 않으니까요.

　사실 난 그들을 비눗물로 씻어 버리려고 왔습니다. 하지만 이제는 가져온 비눗물로 거품을 내서 비눗방울이나 만들어 날려 보내야겠어요.

❶ 초록 옷을 입은 병사들은 개미에게 어떤 도움을 주는지 추리해 봅시다.

❷ ㉠사람들이 부르는 초록 옷을 입은 병사들의 이름은 무엇일지 글의 내용을 바탕으로 써 봅시다.

❸ 초록 옷을 입은 병사와 이야기를 나누고 있는 '나'는 어떤 성격의 인물일지 써 봅시다.

❹ 사람들에게 해를 입히거나, 눈으로 보기에 징그럽게 느껴지는 것을 한 가지 떠올려 그것의 좋은 점을 발견하여 봅시다.

그림 속에 무엇이 보이나요? 시골 할머니가 부엌 아궁이에 불을 지피는 모습만 보이나요? 아궁이에 불을 피우려면 나무도 구해야 하고 또 나무가 아궁이에 알맞게 들어갈 수 있게 자르기도 해야겠지요! 나무가 불에 타는 소리가 들리나요? 아마 할머니는 도시에서 오랜만에 찾아온 자식을 위해 정성껏 밥을 준비하고 있는지도 몰라요. 우리가 보고, 들을 수 없는 부분의 모습과 소리들도 들어 보세요.

Chapter 4 비판하며 읽기

01 로또 복권 인생 대박?
02 계속 배울래요!
03 아침에 셋, 저녁에 넷
04 아침곡

Prologue

 착한 사람은 남을 비판하는 거 아니랬어. 그래서 난 책 읽을 때도 비판 같은 건 안 할 테야

비판은 무조건 남을 헐뜯는 것이 아니라, 어떤 문제를 해결하기 위해 나의 입장을 표현하는 거야. 자신을 당당하게 드러내기 위해서 꼭 필요한 것이라구.

비판하며 읽기
H A K C H U N

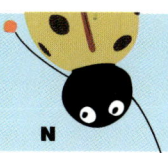

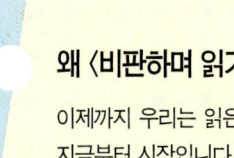

왜 〈비판하며 읽기〉가 중요하죠?

이제까지 우리는 읽은 내용에서 더 많은 정보를 얻어내는 것을 배웠습니다. 그러나 독서는 지금부터 시작입니다. 그것은 바로 읽은 내용을 이제 내 머리와 생각으로 판단하고 비판하여 읽어야 한다는 것이죠. 이것도 어려운 것은 아닙니다. 주인공의 행동을 보면서 옳은지 그른지를 생각해 보고, 작자가 하는 말도 무조건 받아들이지 말고 비판해 보면서 읽으려는 노력을 기울이면 됩니다.

〈비판하며 읽기〉를 하면 뭐가 좋죠?

비판하며 책을 읽는 과정에서 여러분은 여러분만의 생각을 더 키울 수도 있고, 판단력이 길러져 다른 책을 읽을 때도 보다 적극적, 주도적으로 읽을 수 있답니다. 또 앞으로 여러분이 공부할 중·고등학교 학습과정과 대입입시 논술, 구술면접은 비판력〈스스로 판단하고 생각할 수 있는 능력〉을 매우 중시하고, 그런 문제들로 여러분을 평가하려고 할 겁니다. 그러니 비판하며 읽어서 뭐가 좋은지는 더 설명할 게 없겠죠?

어떻게 하면 〈비판적으로 읽기〉가 될까요?

- 책을 읽을 때 책의 내용이 옳은지 스스로 평가해 봅니다.
- 주인공의 행동이나 작자의 말을 무조건 따르지 말고 스스로 판단하려고 노력합니다.
- 책의 내용만 확인하겠다는 소극적인 자세에서 벗어나 보다 적극적인 자세로 책을 읽습니다.

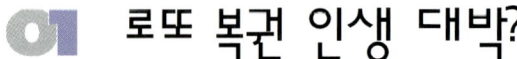

로또 복권 인생 대박?

※ 다음 광고를 보고 질문에 답해 봅시다.

- 광고 읽기
- 〈로또 복권〉: 로또 복권을 하면 인생을 바꿀 수 있다는 광고

가   나

인생은 모르는 거죠!

❶ 위 광고 속의 남자가 무엇을 하고 있는지 가 와 나 를 설명해 봅시다.

가	나

로또 복권 광고야. '인생대박' 이라구! 근데 인생대박이란 게 과연 뭘까?

② 이 광고는 '로또'라는 복권 광고입니다. 광고가 전달하고자 하는 말을 한 문장으로 써 봅시다.

③ 이 광고와 유사한 광고들이 계속 선보인다면, 그것을 보는 사람들은 어떤 생각을 하게 될까요? 이 광고의 문제점을 지적해 봅시다.

④ 앞에서 지적한 문제점을 주제로 광고 문구를 만들어 봅시다.

02 계속 배울래요!

- 만화 읽기
- 홍승우, 〈비빔툰〉: 그릇된 교육의 태도와 문제점

※ 다음 만화를 읽고 질문에 답해 봅시다.

❶ 연주하는 아이의 심정은 어떠한 상태입니까?

....

....

❷ 아이는 무엇 때문에 연주를 계속 하려고 합니까?

❸ 아이의 행동에 대한 나의 생각을 써 봅시다.

❹ 아이의 경우처럼 여러분도 그렇게 행동한 적이 있습니까?

	그렇게 행동한 적이 (있다 / 없다)
까닭	

❺ 엄마의 태도에서 문제점을 찾아보고, 엄마가 아이를 위해서 취해야 할 행동이 무엇인지 써 봅시다.

03 아침에 셋, 저녁에 넷

TEXT GUIDE

• 유래담 읽기

• '아침에 셋, 저녁에 넷' : 원숭이를 기르는 저공이 원숭이에게 줄 먹이가 모자라 아침에 세 개, 저녁에 네 개 주겠다고 말하자 원숭이들이 화를 냈고, 다시 아침에 네 개, 저녁에 세 개를 주겠다고 하자 만족해 했다는 이야기

※ 다음 글을 읽고 질문에 답해 봅시다.

옛날 중국에 저공이라는 사람이 여러 마리의 원숭이를 집에서 길렀습니다. 저공이 원숭이를 잘 돌보아 주어 원숭이 수는 점차 많아졌습니다. 이 때문에 원숭이의 먹이를 준비하기가 어려워졌습니다.

'허허, 걱정이군. 원숭이를 내다 팔 수도 없고……'

저공은 고민을 하다가 먹이의 양을 줄이기로 결정하였습니다.

이튿날 아침, 저공은 원숭이를 모두 불러 모았습니다. 그리고 차분한 목소리로 말하였습니다.

"너희들도 알겠지만 내 형편이 많이 어려워졌다. 그래서 이제부터는 너희들에게 줄 도토리 수를 줄여야겠다."

이 말을 듣고, 나이가 많은 원숭이가 말하였습니다.

"그럼 이제 몇 개씩 주실 건가요?"

"음, 아침에 세 개, 저녁에 네 개밖에 줄 수 없을 것 같구나."

그러자 원숭이들은 꽥꽥 소리를 지르며 불만스러워하였습니다. 이 모습을 본 저공도 안타까웠습니다.

저공은 곰곰이 생각하다 좋은 꾀를 한 가지 생각해 내었습니다.
"좋다. 그럼 아침에 네 개, 저녁에 세 개를 주도록 하겠다."
그러자 원숭이들은 모두 만족해하며 고개를 끄덕였습니다.

1 원숭이 수가 점차 많아지자 저공의 고민은 무엇이었습니까?

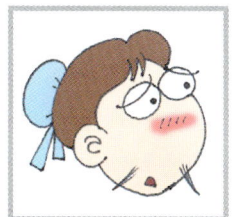

2 저공이 고민을 하다가 내린 결정은 무엇이었습니까?

3 저공이 원숭이들에게 처음에 했던 제안은 무엇이며 그에 따른 원숭이들의 반응은 어떠했는지 써 봅시다.

저공이 처음에 했던 제안	원숭이들의 반응

4 저공이 원숭이들에게 나중에 했던 제안은 무엇이며 그에 따른 원숭이들의 반응은 어떠했는지 써 봅시다.

저공이 나중에 했던 제안	원숭이들의 반응

5 저공의 말에 따라 달라진 원숭이들의 행동에서 문제점을 찾아 지적해 봅시다.

04 아첨곡

TEXT GUIDE

- 동화 읽기
- 정채봉, 「내 가슴 속 램프」: 이기심과 물질만능주의 등을 해학적으로 비판하고 긴 여운을 남기는 이야기

※ **다음 글을 읽고 질문에 답해 봅시다.**

지혜로운 임금이 있었다. 임금은 또 엉뚱한 일을 잘하기도 했다.

달 밝은 밤이었다. 궁전에서 연회가 열렸다.

정승들이 모이자 임금이 나타났다. 그런데 임금은 전에 없이 거문고를 들고 있었다.

임금이 거문고를 가리키며 말했다.

"지리산 도인께서 나한테 보내온 신기한 거문고인데 이 거문고는 뜯는 사람이 따로 없어도 스스로 소리를 낸다 하오. 다만 마음이 청정한 사람한테만이 들리는 게 흠이오만 경들이야 다들 청렴결백하니 걱정될 게 뭐 있소. 자, 즐겨봅시다."

괴괴한 정적 속에서 임금의 고개가 끄덕여지기 시작했다. 손가락 장단을 맞추기도 했다. 정승들의 어깨 또한 하나, 둘 들썩거리기 시작했다.

영의정은 손바닥으로 무릎 장단을 맞추었다. 좌의정은 일어나서 춤을 추었다. 나중에는 너도 나도 흥겨운 거문고 가락에 그만 못 참겠다는 듯 일어나서 춤들을 췄다.

"거참 신비하기도 하구려. 저렇게 아름다운 곡이 뜯는 사람 없이도 연주 되다니."

"글쎄 말이오. 기가 막히외다."

세상에 소리 없는 곡이 있을까?

잔치가 어느 정도 기울자 임금이 빙그레 웃으며 물었다.
"거문고 소리를 혹시 듣지 못한 분 계시오?"
정승들은 일제히 머리를 조아리며 대답했다.
"잘 들리옵니다. 마마!"
임금이 다시 물었다.
"그럼, 저 거문고의 소리 없는 곡 이름이 무엇인지 아오?"
정승들은 서로 얼굴만 쳐다볼 뿐 누구도 선뜻 입을 열려고 하지 않았다.
임금이 내뱉듯이 한 마디 하고는 내전으로 들어가 버렸다.
"그럼 내가 곡 이름을 말하리다. 아첨곡이오. 아첨곡!"

❶ 임금은 왜 정승들 앞에 거문고를 들고 나왔습니까?

2. 정승들이 거문고의 소리 없는 곡에 장단을 맞추고 춤을 춘 까닭은 무엇입니까?

3. 임금이 정승들에게 거문고의 소리 없는 곡 이름을 물었을 때 정승들이 대답하지 못한 까닭과 함께 정승들의 행동을 비판해 봅시다.

정승들이 대답 못한 까닭?	
정승들의 행동 이런 게 문제야!	

4. 소리도 안 나는 거문고로 정승들을 시험한 임금의 행동을 어떻게 생각하는지 써 봅시다.

책을 읽고 비판하는 자세가 되어 있다면 이제 여러분은 수준급의 독서를 즐길 수 있게 되는 것입니다. 길과 길을 연결해 주는 다리처럼 비판의 다리를 잘 건너면 앞으로 다른 것을 접할 때도 스스로 판단하고 깨우치는 능력을 터득하게 됩니다.

'독서'에서 '논술'로 02

누구를 위한 배움인가!

– 올바른 교육과 배움의 문제

시키는 대로만 따라하는 인형?

옛날 어린이들은 학교에 갔다가 돌아오면 친구들과 어울려 재미있게 놀기에 바빴어. 그러나 요즘 너희들은 어떠니? 학교에서 돌아오기가 무섭게 여러 학원을 릴레이 경주 하듯이 다니고 있는 경우도 있을 거야. 물론 좋아서 하는 공부라면 대환영이지만 하기 싫은 공부를 억지로 하는 것은 과연 어떤 효과가 있을까?

※ 억지로 하는 배움이 우리 생활에 미치는 영향과 함께 유익하고 올바른 교육이 무엇인지를 생각해 봅니다.

〈교육제도의 문제점〉을 다룬 문제는 〈2001년 건국대학교〉 논술 기출문제 등 많은 대학에서 출제하고 있는 문제입니다.

올바른 교육과 배움에 대하여

TEXT GUIDE

논술쓰기

가 만화 읽기

나 〈한겨레〉 기사 발췌 : 부모의 그릇된 교육과 성적 올리기 등이 중심이 된 교육 문제를 다루고 있는 기사문

글 **가** 와 **나** 에 나타난 문제점을 밝히고, 해결 방안을 논술해 봅시다.
(500자 ± 100자)

가

엄마가 좋아한다고 하기 싫은걸 억지로 해야 한다니!

나

　요즘 초등학생들을 보면 너무 안됐다는 생각이 든다. 학교를 마치면 자기가 원하든 원하지 않든 여러 학원을 전전한다. 일반적인 기초과목은 물론이고, 특기를 개발한다면서 바이올린이나 피아노를 배우는 아이들이 상당수다. 그로 인해 많은 아이들이 스트레스를 받고 있고, 얼마 전에는 자살까지 한 초등학생이 있어 충격을 줬다.

　이런 사회현상을 보면서 부모들이 너무 심하다는 생각이 들 때가 많다. 부모들의 심정을 이해 못하는 것은 아니다. 자식들이 공부를 잘해서 학교에서 인정받고 칭찬을 듣는다면 부모들은 당연히 기뻐할 것이고 자녀를 키우는 보람을 느낄 것이다.

　하지만 그 도가 좀 지나친 것 같다. 초등학생을 고교생처럼 가르치면 부작용이 생기는 것은 당연하다. 아이들이 충분히 쉬고 뛰어놀게 해줘야 우리의 미래 또한 밝고 명랑하게 되지 않을까 생각한다.

초등학생은 쉬고 싶다~!

1. **가** 아이가 연주를 하는 까닭은 무엇입니까?
2. **나** 요즘 학생들이 학원을 많이 다니는 까닭은 무엇입니까?
3. 올바른 교육을 위해 필요한 것들은 무엇입니까?

무엇을 써야 하지?

주어진 논제는 다음과 같은 내용을 요구하고 있습니다.

① 글 가 와 나 에 나타난 문제점을 밝히고
② 해결 방안을 논술해 봅시다.

즉, 가 와 나 에서 공통적으로 밝힐 수 있는 문제점을 찾고 그 문제들을 해결하기 위한 올바른 교육은 무엇인지 논술해야 합니다.

어떻게 써야 하지?

1) 제시문의 내용을 정확히 분석할 것!

가 의 아이는 연주하는 것에 대해 별반 흥미를 느끼지 못하지만, 연주를 해야 하는 이유가 있다고 합니다. 바로 엄마가 좋아하시기 때문이죠. 엄마의 표정은 시큰둥한 아이와는 달리 매우 좋아 보입니다. 나 글은 무엇을 이야기하고 있나요? 자신의 의지와는 상관없이 부모의 욕심 때문에 학원에 매여 지낸다는 기사입니다. 두 글 모두 교육을 받는 당사자인 아이의 생각은 고려하지 않은 채 부모들의 기대와 욕심이 중심이 된 교육을 문제 삼고 있음을 파악할 수 있겠죠?

2) 앞에서 찾은 근본적인 문제점이 당사자인 학생들에게 미치는 영향에 대해 생각해 볼 것!

아이의 특기나 적성, 취향은 고려하지 않은 채 부모의 욕심이 앞선 교육은 공부에 대한 흥미를 떨어뜨릴뿐더러 아이가 자신의 진정한 삶을 찾을 수 없게 됩니다. 이와 같은 문제점들을 들어 적절한 비판을 한 뒤, 그렇다면 올바른 교육이란 무엇인지 생각해 보아야 합니다. 학원과 과외는 무조건 없애 버려야 한다는 감정적인 방법이 아닌, 아이를 위한 교육이 이루어지기 위해 교육자나 부모의 역할 그리고 교육을 받는 학생의 태도를 고려해 보는 것이 좋습니다. 먼저, 교육 기관과 부모들이 입시 위주의 교육이 아닌 아이의 인성과 적성을 고려한 교육의 필요성과 중요성을 깨달아야 합니다. 학생은 자신의 적성과 특성에 맞춰 하고 싶은 것을 하기 위한 과정을 성실히 수행해야 하는 자세가 필요합니다. 이런 방안들을 꼼꼼히 생각하며 논술을 해 보도록 합니다.

발상 및 구상

이름:

학교   학년   반

Chapter 5 구조 파악하며 읽기

구석구석 따져가며 읽자!

왜 동화 속 주인공들은 꼭 이런 식이지?

01 앉아서 일하는 건 다 똑같다
02 나도 날고 싶다
03 평화 VS 전쟁
04 나와 조금 다른 형

Prologue

 동화 속의 공주는 꼭 백마 탄 왕자님이 나타나 도와 주더라.

 맞아! 드라마에서도 여자 주인공은 남자의 도움을 받아 문제도 해결하고, 둘이 결혼해서 행복하지.

 그건 작가가 이야기의 구조를 그렇게 짜기 때문이야. 이야기를 그냥 대~충 쓸수는 없잖아?

구조 파악하며 읽기
H A K C H U N

1. 왜 〈구조 파악하며 읽기〉가 중요하죠?

책은 우리가 볼 때는 그저 평면 종이 위에 써 있는 글자지만, 책도 매우 입체적인 구조가 있습니다. 그래서 책을 잘 읽는 사람이라면 인물간의 관계, 사건의 순서, 작가가 만들어놓은 여러 가지 구조까지 파악하며 읽을 수 있습니다. 그리고 앞서 우리가 배웠던 여러 가지 독서 능력들도 다 이 구조 파악을 하면서 읽는 능력이 더해지면 더 효과를 거둘 수 있답니다.

2. 〈구조 파악하며 읽기〉를 하면 뭐가 좋죠?

당연히 책의 내용을 보다 깊이 있게 이해할 수 있습니다. 또 작가가 일부러 배치한 대비적인 인물, 사건들을 비교하며 읽을 때 주제를 더욱 실감나게 느낄 수 있죠. 이왕 「흥부전」을 읽으려면 그냥 쭉 읽어나가는 것보다는 〈흥부〉와 〈놀부〉를 비교하고, 그 둘의 대비 구조를 이해하고 읽는 게 더 좋겠지요?

3. 어떻게 하면 〈구조 파악하며 읽기〉가 될까요?

- 가장 대비되는 내용, 인물 등을 파악하면서 읽어봅니다.
- 소설에서는 사건의 전개 순서나 들어가는 부분, 가장 심각하고 흥미진진한 부분, 끝나가는 부분 등 사건 전개의 구조를 파악하며 읽습니다.
- 문단간의 관계가 어떤 것인지 파악하며 읽어봅니다.(가령, 첫 문단은 문제 제기, 두 번째 문단은 사례 제시, 세 번째 문단은 주장 제시, 마지막 문단은 주제 강조 순서로…….)

01 앉아서 일하는 건 다 똑같다

TEXT GUIDE
- 광고 읽기
- 임주식, 유미영 〈앉아서 일하는 건 마찬가지입니다〉: 공익광고대상 신문 부문 장려상 수상작

※ 다음 광고를 보고 질문에 답해 봅시다.

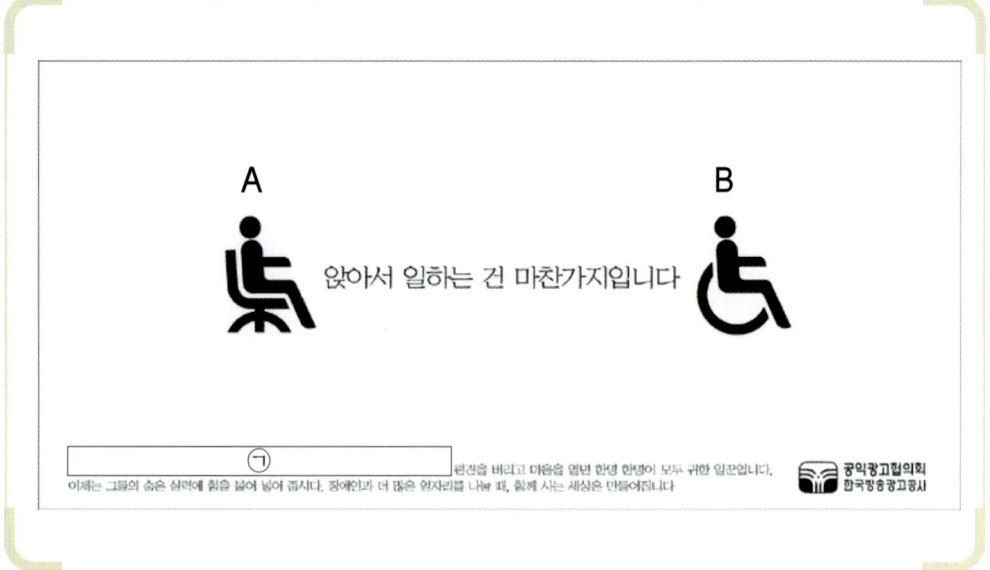

1 A와 B는 각각 무엇을 나타내는 그림입니까?

A :

B :

2 ㉠에 들어갈 말로 가장 적절한 것은? ( )

① 꼭 서서 일할 필요는 없습니다.
② 몸이 불편하면 앉아서 일하기도 힘듭니다.
③ 몸이 불편하든 말든 일만 열심히 하면 됩니다.
④ 몸이 불편하다고 월급이 더 적을 이유는 없습니다.
⑤ 몸이 불편하다고 일할 수 있는 능력까지 없는 것은 아닙니다.

3 이 광고는 A, B 두 개의 그림을 대비적으로 보여주면서 사람들에게 어떤 메시지를 전달하고 있습니까?

4 다음 주제에 알맞은 표어를 ㉢에 쓰고 ㉠과 ㉡에 대비적인 그림을 넣어 완성된 광고를 만들어 봅시다.

주제 : 컴퓨터로 게임만 하지 말자.

㉠　　　　　　　　　　　　　　㉡

컴퓨터로 게임만하는 사람과 다양한 정보를 활용한 사람의 모습을 생각해 봐~!

"㉢　　　　　　　　　　　　　　　　　"

02 나도 날고 싶다

- 동화 읽기

- '비둘기 구구' : 학교 사육장에 살고 있던 비둘기 구구가 사육장을 벗어나 자유롭게 살고 싶어 사육장을 탈출하여 경험한 이야기

※ 다음 글을 읽고 질문에 답해 봅시다.

"썩 저리 가지 못해? 이 얌체야."

오골계가 돌아보며 화를 벌컥 내었습니다. 깜짝 놀란 참새가 푸르르 날아갔습니다. 그 소리에 단잠을 깬 인도 공작과 모래를 파헤치고 있던 장닭도 목털을 세우며 참새를 나무랐습니다.

"도둑고양이 같으니라고. 번번이 우리 모이를 훔쳐 먹네."

구구는 참새가 날아가 버린 하늘을 가만히 바라보다가 힘없이 고개를 떨구었습니다.

"참새야, 배는 좀 고플지라도 네게는 넓은 하늘이 있구나."

구구는 학교 사육장에 살고 있습니다. 어렸을 때 사육장 가족이 되어 인도 공작, 오골계, 장닭 등과 함께 오순도순 지내 왔습니다. 이 곳 생활은 나무랄 데 없이 편안하였습니다. 관리인 아저씨가 때맞추어 모이도 주고 청소도 해 주며 각별히 보살펴 주기 때문입니다. 또, 놀러 오는 학교 아이들을 구경하는 것도 좋았습니다. 그러나 요즈음 들어 구구는 이 곳이 갑갑하게 느껴졌습니다. 푸른 하늘을 마음껏 날아다니는 새들이 몹시 부러웠습니다. … 중략 …

"얘, 나 좀 봐. 이야기 좀 하자."

구구가 넌지시 불렀습니다. 먹이 찾기에 열중하던 참새가 힐끗 돌아보더니 고개를 갸웃거리며 다가왔습니다.

"너는 참 좋겠다. 네 마음대로 어디든지 오고 갈 수 있으니……."

"가만히 있어도 먹을 것을 주니 여기가 더 좋지 않니?"

"그건 그렇지만, 나도 너처럼 하늘을 훨훨 날아 봤으면 좋겠어."

참새는 구구를 물끄러미 바라보다가 입을 열었습니다.

비둘기 구구가 참새의 무엇을 부러워 했는지 생각해 봐!

"아주 어렵지는 않아. 날개가 있잖아? 이 곳을 빠져 나가기만 하면 되는 걸."

"사육장을 나간다고? 그래서 내 날개로 하늘을 날아본다고?"

참새가 철망 사이를 들락거려 보이더니 날아가 버렸습니다.

'그렇지. 왜 여태 그 생각을 못 하였을까?'

구구는 가슴이 마구 뛰었습니다. 날개도 파닥거려 보았습니다. 구구가 사육장 가족들에게 자기의 생각을 말하자 장닭은 고개를 홰홰 저으며 말하였습니다.

"바깥 세상에 나가 본다고? 에이, 난 싫어. 사람들에게 잡아먹힐지 모르니 항상 마음을 졸여야 한단 말이야."

인도 공작도 부리로 깃털을 가꾸며 한 마디 거들었습니다.

"나는 지금이 즐거워. 사나운 짐승에게 잡아 먹힐 위험도 없고, 힘든 일도 안 하지. 그저 아름다운 몸매 자랑이나 하면 되잖아?"

"그래도 나는 저 하늘을 날아 보고 싶어. 어떤 위험이 닥친다 해도 반드시 날아 볼 테야."

구구는 날갯죽지에 힘을 기르기 위하여 부지런히 사육장 안을 날아다녔습니다.

1 비둘기 구구는 참새의 어떤 점을 부러워했습니까?

2 구구와 장닭, 인도 공작은 서로 다른 견해의 차이를 보여 주고 있습니다. 서로의 생각이 어떻게 다른지 써 봅시다.

구구	
장닭, 인도 공작	

3 비둘기 구구는 나는 연습을 한 뒤 사육장을 빠져 나갔습니다. 구구는 무엇을 위해 사육장 밖으로 날아간 것인지 써 봅시다.

4 만약 구구가 장닭, 인도 공작과 같이 생각했다면 이야기는 어떻게 달라졌을지 뒷이야기를 만들어 봅시다.

03 평화 VS 전쟁

TEXT GUIDE

- 만화 읽기
- 인터넷 만화〈poolili-toon〉: 평화로운 가정이 전쟁으로 인해 달라진 모습을 대비적으로 보여 주는 만화

※ 다음 만화를 보고 질문에 답해 봅시다.

1. 가~바와 ㉠~㉥이 무엇을 표현하고 있는 그림인지 설명해 봅시다.

가~바	㉠~㉥

2. 가~바의 만화와 ㉠~㉥의 만화를 보고, 어떤 느낌을 느꼈는지 나의 느낌을 써 봅시다.

가~바:

㉠~㉥:

3. (1)과 (2)의 사진 속 아이들의 모습을 설명해 봅시다. 그 다음 '전쟁'의 피해에 대한 나의 생각을 써 봅시다.

(1)

(2)

04 나와 조금 다른 형

- 창작 동화 읽기

서울시 교육청 선정 도서
〈초 4 - 1 국어과〉

- 임정진, 「나보다 작은 형」
: 암에 걸린 형에 대한 동생의 애뜻한 마음이 담긴 이야기

※ 다음 글을 읽고 질문에 답해 봅시다.

"형, 나 학교 갔다 올게."
오늘도 우리 형은 학교에 안 간다.
'치, 형은 좋겠다.'
"오늘 체격 검사 한다고 했지? 팬티 새 거 입어."
"알아. 공룡 팬티 입었어."
여자 아이들 앞에서 팬티만 입고 돌아다닌다는 게 난 제일 싫다. 작년 체격 검사 하는 날엔 팬티를 안 입고 갔다. 그래서 나만 바지 입고 혼나면서 체격 검사를 받았다. 난 형에게 씩 웃어 주고 나서 방문을 닫았다. 형 팬티도 공룡 그림이 있는 멋진 건데……. 형도 속으로는 체격 검사 받으러 가고 싶을 거다. 키를 재면서 형 생각을 했다.
"야, 너 몇 센티미터 컸니?"
재영이가 내 등을 탁 치며 물었다.
"응, 5센티미터."
"자식, 난 6센티미터야."
우리는 다들 쑥쑥 자라고 있다. 형만 빼놓고…….
새로 사귄 친구가 우리 집에 가 보자고 하면 참 곤란하다. 동식이는 굳이 우리 집에 가서 '짱구게임'을 하자는 거였다.
"야, 너희 집에도 그 게임 있잖아."
"우리 집에서는 엄마가 못 하게 한단 말이야. 야, 너 치사하게 그럴 거야?"
할 수 없이 동식이를 집으로 데리고 왔다. 화장실에 들어가는 형을 보고 동식이가 말했다.
"야, 네 동생이니?"
"아냐, 우리 형이야."
새 친구를 집에 데리고 오면 늘 이렇다.
"형이야? 그런데……. 왜 키가 ……?"

 난 동식이 입을 손으로 틀어막고 내 방으로 끌로 갔다.

"야, 왜 이래?"

"우리 형 앞에서 떠들면 혼나."

"왜?"

"우리 형 되게 무섭거든."

동식이는 겁먹은 표정이 된다.

"근데 왜 그렇게 키가 작은 거니?"

"임마, 키만 크면 다냐? 나폴레옹도 키 작았어."

형 얘기를 하다가 결국 동식이랑 싸우고 말았다.

형 방에 살며시 들어가 보았다. 형은 책을 읽고 있었다.

"형, 동식이 갔어."

"왜 그래? 넌 친구만 오면 화를 내더라."

"그 자식이 건방지게 굴잖아."

"친구랑 좀 사이좋게 지내. 난 그런 친구라도 있으면 좋겠다."

"형한테 제일 좋은 친구가 여기 있잖아."

"치, 넌 동생이잖아."

왜 동생은 친구가 될 수 없을까? 이상하다. 난 형 친구가 되어 주고 싶은데…….

형은 자기 방에서 텔레비전을 볼 때가 많다. 난 텔레비전 볼 시간이 별로 없다. 놀기도 바쁘고……, 집에 하나 있는 텔레비전은 형 방에 있다. 그런데 형은 보통 내가 학교랑 학원에 갔다 오는 시간이면 잠을 잔다. 밥 먹고 나서 텔레비전을 보려고 하면 재미있는 건 다 끝난 시간이다. 형은 내가 학교 가서 고생할 동안, 학원가서 구박 받을 동안, 만화 채널에서 나오는 만화란 만화는 다 볼 수 있다.

"형, 오늘 뭐 봤어?"

"응, 만화."

"무슨 만화?"

"웃기는 거."

난 안다. 형은 만화를 틀어 놓고서 창 밖만 본다. 아이들이 지나가는 걸 본다. 차들이 지나가는 걸 본다. 바람이 부는 걸 본다.

"형, 매일 밖을 왜 봐? 뭘 보는 거야?"

㉠ "난 구름이 좋아."

형이 하는 거라면 다른 건 다 따라하지만, ㉡ 그래도 난 바람이 더 좋다. 구름을 움직이는 건 바람이니까.

1 형과 동생의 다른 생활 모습을 찾아 써 봅시다.

	형	동생
①		
②		

2 주인공 '나'가 동식이와 싸운 까닭은 무엇입니까? 그 까닭을 써 봅시다.

3 ㉠형은 왜 '구름'이 좋다고 했습니까? 그 까닭을 생각해서 써 봅시다.

4 동생 '나'는 형과 달리 ㉡ '바람'이 좋다고 했습니다. 이를 통해 작가가 알려 주고 싶은 것은 무엇입니까?

Epilogue

여러분! 그림과 같은 '큐브'를 맞춰 본 적이 있나요?

큐브는 모양과 색이 서로 엇갈려 있는 것들을 여러 방향으로 돌려 같은 모양과 색으로 묶는 장난감이에요. 큐브를 맞추려면 다양한 방향으로 이리저리 돌려봐야 그 원리를 깨달을 수 있고, 그 원리를 깨닫게 되면 금세 맞출 수 있습니다.

글도 마찬가지입니다. 겉으로 보이지 않는 구조들이 서로 연결되어 있지요. 글의 구조를 이해하며 읽어야 재미있고 깊이 있는 독서를 할 수 있습니다.

Chapter 6 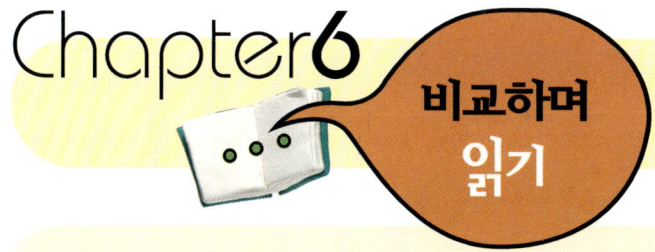 비교하며 읽기

같거나 다르거나!

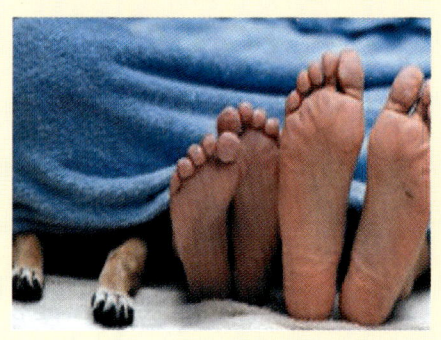

발이라고 다 같은 게 아니야~!

01 가족계획 표어 · 포스터
02 초등생 일기 검사
03 같은 소재, 다른 종류 글
04 성적표

Prologue

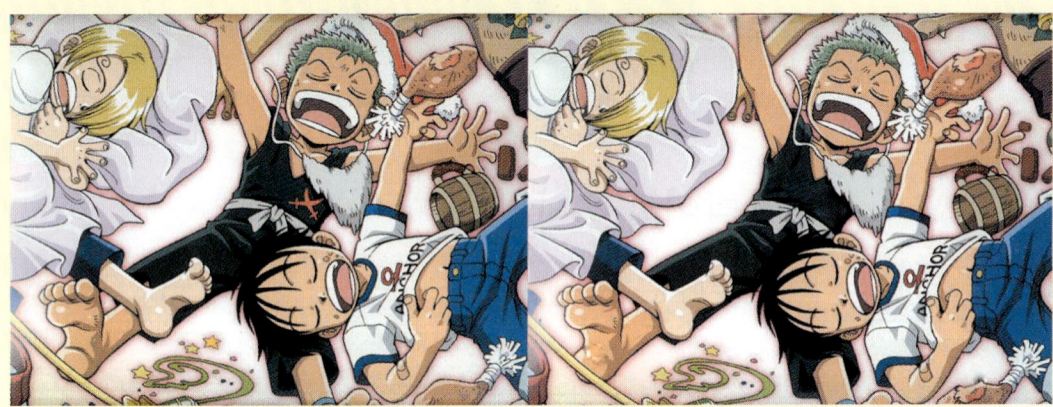

재쩡이 보라구! 비교해 보면 다른 점을 찾을 수 있을 걸!
그냥 비슷하다, 그냥 다르다고만 생각지 말고 관심 있게 볼 것!
비슷한 것에서 다른 점을 찾거나, 다른 것에서 비슷한 점을
찾아내는 것도 해 볼만한 게임 아니야?

비교하며 읽기
H A K C H U N

1. 왜 〈비교하며 읽기〉가 중요하죠?

우리는 책을 볼 때 한 권씩 밖에는 볼 수 없어요. 그러나 책마다 서로 주장이 다를 수도 있고 또 비슷한 견해를 다룰 수도 있지요. 아니면 같은 내용에 대해 조금씩 다른 입장을 갖고 있을 수도 있습니다. 그래서 우리는 여러 책의 내용을 비교해가며 읽는 능력을 갖추어야 합니다. 그래야 여러 가지 책을 읽고 좀 더 많은 정보를 얻고, 자기 판단을 기를 수 있으니까요.

2. 〈비교하며 읽기〉를 하면 뭐가 좋죠?

수능은 물론 중·고등학교 공부, 대입 논술에서는 서로 다른 두 개 이상의 글을 함께 주고 비교하여 분석할 것을 요구하는 경우가 많답니다. 가령, 〈호주제〉 문제를 다룬 글을 본다고 해도 우선 반대하는 글과 찬성하는 글을 동시에 놓고 읽을 수 있어야 자기 판단력도 더 길러지고 보다 폭넓은 정보를 바탕으로 정확한 판단을 내릴 수 있겠지요?

3. 어떻게 하면 〈비교하며 읽기〉가 될까요?

- 책을 읽을 때 그 책과 가장 관련되는 다른 책을 읽었던 경험과 내용을 떠올리며 읽습니다.
- 두 편 이상의 책이나 글이 서로 어떤 차이와 공통점을 보이고 있는지를 비교하고 판단하며 읽어 봅니다.

01 가족계획 표어·포스터

TEXT GUIDE
- 표어 읽기
- '가족계획 표어·포스터'
  : 시대별로 달라지는 가족계획 표어·포스터

※ 다음 내용을 읽고 질문에 답해 봅시다.

가

⦿ 1960년대 가족계획 표어·포스터

> 덮어놓고 낳다보면
> 거지꼴을 못 면한다

⦿ 1980~1990년대 가족계획 표어·포스터

> 잘 키운 딸 하나,
> 열 아들 부럽지 않다

나

⦿ 2000년대 가족계획 표어

■ 2004년 표어 공모전 입상작

> 아빠, 혼자는 싫어요
> 엄마, 저도 동생을 갖고 싶어요

예전엔 많이 낳고…,
요즘은 적게 낳고…,
왜 그러지?

94

1. 가 에서 공통적으로 알리고자 하는 내용은 무엇입니까?

2. 나 에서 알리고자 하는 내용은 무엇입니까?

3. 나 에서 위와 같은 표어 공모전을 열게 된 원인은 무엇인지 써 봅시다.

4. 출산율이 감소하여 생기는 문제점은 무엇인지 써 봅시다.

02 초등생 일기 검사

TEXT GUIDE

- 신문기사 읽기
- 〈한겨레〉 발췌 : 일기 검사 찬반 의견 비교

※ 다음 글을 읽고 질문에 답해 봅시다.

인권위 "초등생 일기 검사 인권침해" 찬반 후끈

국가인권위원회가 "초등학교 교사가 학생의 일기장을 검사하는 것은 사생활의 비밀과 자유, 양심의 자유 등 헌법에 보장된 아동인권을 침해하는 것"이라고 발표하자, 인터넷 토론방과 게시판에서는 이에 대한 찬반 주장이 팽팽하게 맞섰다.

네티즌들은 어릴 적 자신이 했던 일기쓰기를 떠올리고 일기 검사의 장·단점을 조목조목 짚어가면서 인권위 발표에 비판 또는 지지 의견을 펼쳤다. 국가인권위 발표로 '인권침해의 당사자'로 지목된 일선 교사와 학부모들도 이 논쟁에 적극 참여했다.

초등생 일기 검사를 반대하는 네티즌 입장

- 일기장 검사는 검사받을 일기장과 자기만 아는 일기장 둘을 써야하는 부담을 학생들에게 주는 것이다.(ID 이강산)
- 일기를 보여 주기 위해 쓰게 되고, 교사의 객관적 입장이 지켜지지 않을 수 있다.(ID 블루베이비)
- 아이가 선생님에 대한 느낌을 좀 솔직하게 쓰니까 그 내용을 가지고 애를 때리고 혼내키는 교사가 아직도 있다. 그래도 일기 검사 관행이 지속되어야 하나? (ID 개선지지자)

초등생 일기 검사를 찬성하는 네티즌 입장

- 일기 검사를 통해 아이들의 답글을 읽으면 마음이 통한다는 느낌을 받았다. 일기쓰기로 상을 주거나 일기를 공개하는 것은 반대하지만, 아이들을 위해 계속 일기를 쓰게 하고 검사도 하고 싶다.(ID 4년차 초등학교 교사)
- 일기쓰기 검사에 대해 인권침해라 단정 짓고 매도한다면 교사들의 선의의 취지가 곡해될 수 있다.(ID 푸른매)
- 아직 미성숙하고 배우는 과정인 어린 학생들의 일기를 선생님이 지도 차원에서 봐주는 게 무슨 인권탄압인가?(ID 후프시2000)

❶ 일기 검사를 반대하는 네티즌들의 입장에서 가장 공감이 가는 내용은 무엇입니까?

❷ 일기 검사를 찬성하는 네티즌들의 입장에서 가장 공감이 가는 내용은 무엇입니까?

❸ 현재 나는 선생님이나 부모님으로부터 일기 검사를 받고 있습니까?

	일기 검사를 (받고 있다 / 받고 있지 않다)
일기 검사를 받을 경우 어떤 방식으로 받고 있나요?	

❹ 위 네티즌들의 의견을 참고하여 일기 검사를 받는 것에 대한 나의 생각을 써 봅시다.

03 같은 소재, 다른 종류 글

TEXT GUIDE

• 설명문 읽기, 동시 읽기

• '달' : 글은 목적에 따라 다른 표현 방식으로 쓰여짐을 알려 줌

※ 다음 글을 읽고 질문에 답해 봅시다.

가 지구에서는 항상 달의 한 면만을 볼 수 있다. 우주선이 달의 반대편을 비행하기 전까지는 달의 뒤편을 본 사람이 아무도 없었다.

달의 앞뒤편 어디에도 토끼나 계수나무는 없다. 달에는 물과 공기가 없어서 생명체가 살 수 없기 때문이다. 흔히 달의 바다라고 하는 곳도 사실은 바다가 아니라 넓고 어두운 평지이다.

나

달밤
보름달 밤

우리 집 새하얀 담벽에
달님이 곱게 그려 놓은
나무

나뭇가지.

글의 종류에 따라 왜 느낌이 다른 거야?

1 가 와 나 글의 종류는 무엇입니까?

가

나

② 와 글이 쓰인 목적은 무엇입니까?

가

나

③ 두 글은 무엇을 글감으로 쓴 것입니까?

....

④ 와 나는 글감의 어떤 점을 알리고 있습니까?

가

나

⑤ 가 와 나를 읽고 느낌을 써 봅시다.

가

나

04 성적표

TEXT GUIDE

- 인터넷 읽기
- 〈성적표〉: 평가 방법이 다른 성적표 비교

※ 다음 성적표를 보고 질문에 답해 봅시다.

가

■ 서울D초등학교 5학년 다솜이가 4학년 말 받은 성적표

과목	세부능력특기상황
국어	글을 읽고, 중심내용과 주제를 잘 파악하며 표현력 있게 글을 잘 씀
사회	우리나라의 시대별 문화재에 대한 이해가 빠름
수학4-가	기본적인 수개념이 확실하며 과제학습도 성실히 하고 성적 양호함
수학4-나	주어진 문제의 뜻을 잘 알고 해결하며, 여러 가지 사각형의 특징을 잘 알고 있음
음악	리코더 연주기능이 뛰어나며, 노래부르기 활동에도 적극 참여함

나

과목	단원명	필수목표	매우잘함	잘함	보통	노력요함
국어	보고, 듣고, 느끼고	재미있게 듣거나 읽은 이야기를 말할 수 있다		○		
	생각이 서로 다를때	재미있는 내용을 상상하여 글을 쓸 수 있다			○	
		내 생각이 잘 드러나게 글을 쓸 수 있다			○	
바른생활	학교에서 지킬 일	학교에서 기본적으로 지킬 일을 알고 지킬 수 있다		○		
	사이좋은 친구	친구와 사이좋게 지내면 좋은 점을 알고 지낼 수 있다			○	
수학	100 까지의 수	100까지의 수를 이해하며 쓰고 읽을 수 있다	○			
		두자리 수의 크기를 비교 할 수 있다			○	
슬기로운생활	생각하여 만들기	여러가지 도구의 쓰임을 알고 사용할 수 있다		○		
		도구를 이용하여 만들고 싶은 것을 만들 수 있다		○		

어떤 성적표가 더 낫지?

❶ 가 의 성적표에는 어떤 내용이 드러나 있습니까?

❷ 나 의 성적표에는 어떤 내용이 드러나 있습니까?

❸ 가 와 나 의 성적표의 차이점은 무엇입니까?

4. 다음은 성적표에 대한 사람들의 다양한 의견입니다. 제시된 의견을 읽고 나의 생각을 써 봅니다.

가 성적표에 대한 찬성 의견

- 초등학교 기본 목표는 기본 생활 습관을 익히는 것이다. **나**의 성적표로 학생들을 평가한다면 아이들은 성적을 높이기 위해서 또 다른 학원에 갈 수밖에 없다.
- 초등학생 때부터 점수 때문에 공부에 스트레스를 줄 필요는 없다.
- 초등학교 때의 성적은 별 의미가 없다.

나 성적표에 대한 찬성 의견

- **가**처럼 한 줄로 써 주는 성적표는 아무래도 좋은 점만 쓸 수 있다. 그러므로 학업 발달의 단점까지 확인할 수 없다.
- 학생들이 어느 정도의 수준인지를 알아야 보충해야 할 과목이 무엇인지 알 수 있다.
- 그동안 교육 평가 기준이 너무 애매했다. 어느 정도의 실력이 있는지를 아는 것은 학생을 위해서도 좋은 일이다.

사람이 책을 읽는 수고로 얻는 혜택은 손으로 셀 수 없을 정도로 다양합니다. 세상에 있는 모든 책을 읽고 싶어도 다 읽은 순 없지만, 자신이 읽은 책의 내용을 비교함으로써 얻어낼 수 있는 지식은 어두운 길을 안내하는 등불처럼 우리의 삶을 보다 환하게 비춰줄 것입니다.

어린이도 사람이다?

– 어린이 인권 보호의 문제

아! 오늘 일기는 뭘 쓰지? 내일 선생님이 검사하신다고 했는데 뭘 쓰지?

일기는 나만의 비밀이나 고민을 적는 것인데, 선생님께 꼭 검사를 받아야 할까? 나에게도 비밀이 있는데 말이야.

※ '초등학생 일기 검사 인권 침해'라는 내용을 떠올리며 초등학생 인권 보호에 대해 고민해 봅니다.

인권 보호에 관한 문제는 〈2002학년 2학기 서울대 수시〉 문제로 출제되었습니다.

어린이에게도 인격이 있어요!

'독서'에서 '논술'로

TEXT GUIDE
논술쓰기

가 〈한겨레〉 기사 발췌

나 〈소년 조선일보〉 기사 발췌 : 해마다 급증하는 아동 학대의 심각성에 대한 기사문

글 **가** 와 **나** 를 읽고 문제점을 찾아 아동 인권을 보호해야 하는 이유에 대해 논술해 봅시다. (500자 ±100자)

가 국가인권위원회가 "초등학생 교사가 학생의 일기장을 검사하는 것은 사생활의 비밀과 자유, 양심의 자유 등 헌법에 보장된 아동인권을 침해하는 것"이라고 발표하자 인터넷 토론방과 게시판에서는 이에 대한 찬반 주장이 팽팽하게 맞섰다.

초등생 일기 검사를 반대하는 네티즌 입장

- 일기장 검사는 검사받을 일기장과 자기만 아는 일기장 둘을 써야 하는 부담을 학생들에게 주는 것이다.(ID 이강산)
- 어릴 때 선생님이 차별하는 게 너무 보기 싫어서 일기장에 그런 내용을 썼더니 선생님이 그 일기를 찢어버리라고 했다. 일기를 보여 주기 위해 쓰게 되고, 교사의 객관적 입장이 지켜지지 않을 수 있다.(ID 블루베이비)
- 아이가 선생님에 대한 느낌을 좀 솔직하게 쓰니까 그 내용을 가지고 애를 때리고 혼내키는 교사가 아직도 있다. 그래도 일기 검사 관행이 지속되어야 하나?(ID 개선 지지자)

초등생 일기 검사를 찬성하는 네티즌 입장

- 일기 검사를 통해 아이들의 답글을 읽으면 마음이 통한다는 느낌을 받았다. 일기쓰기로 상을 주거나 일기를 공개하는 것은 반대하지만, 아이들을 위해 계속 일기를 쓰게 하고 검사도 하고 싶다.(ID 4년차 초등학교 교사)
- 일기쓰기 검사에 대해 인권침해라 단정 짓고 매도한다면 교사들의 선의의 취지가 곡해될 수 있다.(ID 푸른매)
- 아직 미성숙하고 배우는 과정인 어린 학생들의 일기를 선생님이 지도 차원에서 봐주는 게 무슨 인권탄압인가?(ID 후프시2000)

일기를 쓰는 이유와 일기 검사가 진정 누구를 위한 것인지 생각해 봐야되겠지?

나 지난 한 해 아동 학대 빈도가 2002년도에 비해 18%나 증가한 것으로 조사돼 아동 보호를 위한 대책 마련이 시급한 것으로 알려졌다.

보건복지부는 지난해 아동 학대 긴급 신고전화 '1391'을 통해 접수된 아동 학대 사례를 담은 '2003년도 아동 학대 현황 보고서'를 11일 발간했다. 보고서에 따르면 2003년 '1391'을 통해 접수된 총 신고 건수는 4983건. 이 중 아동 학대로 판정된 신고는 2921건으로, 2002년(2478건)에 비해 18%나 증가했다. 이 중 33.4%에 해당하는 어린이들이 '매일' 학대당한 것으로 나타났으며, '2~3일에 한 번'(16.9%) '1주일에 한 번'(14.2%)이 뒤를 이었다.

학대 유형은 방임(35%), 신체 학대(30.4%), 정서 학대(27.1%), 성 학대(4.7%), 유기(2.9%) 등의 차례였다.

방임은 아동에게 의식주를 제공하지 않거나 장시간 위험하고 불결한 주거 환경에 방치하는 경우가 많았고, 신체 학대는 아동을 벽에 부딪히게 하거나 손발로 때리는 폭력이 절반 이상을 차지했다.

피해 아동의 연령은 9~11세가 26.5%로 가장 많았고, 6~8세(23.6%), 12~14세(18.4%), 3~5세(14.7%) 등의 순이었다. 또한 피해 아동은 61.1%가 정서적 불안정과 학습 부진 등의 특성을 보였고, 36.9%는 가출이나 도벽, 주의 산만, 거짓말 등의 습성을 드러냈다. 특히 가해자는 부모가 83.3%로 대부분을 차지했다.

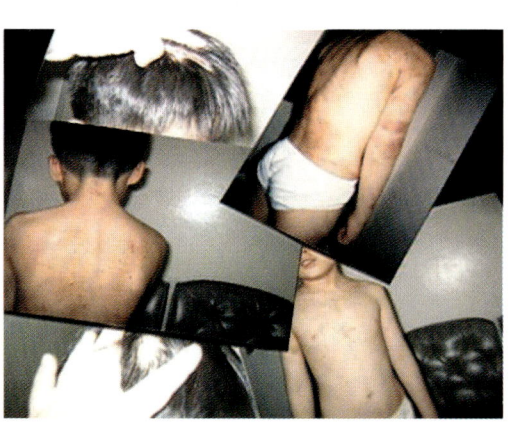

어린이의 인권을 보호해야 하는 이유는 뭘까?

차근차근~ 생각을 정리해 보자!
답안을 쓰기 전에, 생각부터 정리하고, 의문을 던져 보세요~!

1. 글 **가** 에서 일기 검사를 하는 것에 대한 찬반 의견을 정리해 봅니다.
2. 글 **나** 에서 아동 학대 실태를 보고 느낌을 이야기해 봅시다.
3. 아동 인권을 보호해야 하는 까닭을 생각해서 써 봅니다.

무엇을 써야 하지?

주어진 논제는, 다음과 같은 내용을 요구하고 있습니다.

① 글 가 와 나 를 읽고 아동 인권 침해에 대한 자신의 생각을 정리합니다.
② 아동 인권을 보호해야 하는 이유를 논술해 봅니다.

학생들의 일기 검사를 하는 것이 아동의 인권을 침해한다는 것에 대한 찬반 의견이 나타나 있는 가 글과, 해마다 늘어나고 있는 아동 학대의 실태를 보여 주고 있는 나 글을 읽고 아동 인권 침해의 심각성을 느낄 수 있어야 합니다. 그 다음 아동 인권을 보호받고, 보호해야 하는 이유와 방안을 생각해 봅니다.

어떻게 써야 하지?

1) 제시문의 내용을 정확히 분석할 것!

먼저 가 에서는 학생들의 일기 검사가 '학생들의 사생활을 침해하는 것이다.' 와 '교육 방법 중 하나이다.' 라는 의견이 양분되어 보여 지고 있습니다. 각각의 이유를 잘 보고, 일기 검사를 하는 것이 과연 옳은 것인지 생각해 봅니다. 나 글에서는 해마다 늘고 있는 아동 학대의 심각성을 보여 주고 있는데요, 아동 학대의 원인과 심각성을 파악해 봅니다.

2) 아동 인권을 보호해야 하는 이유를 생각해 보자.

"애완견을 기를 때는 물론이고 낚시를 하려고 해도 자격증이 필요한데, 왜 부모가 되는 데는 자격증이 필요 없는지……."

부자 간의 갈등을 그린 미국 영화 중에서 아들이 말한 대사입니다.

나이가 어리다는 이유로 기본적으로 지켜지고 보호받아야 하는 것들이 무시되는 경우가 있습니다.

아동 학대를 경험한 아이들이 자라서 어떻게 될까요? 학교 폭력을 일으키거나, 성인이 됐을 때 가정폭력의 가해자가 될 위험이 크다고 합니다. 아동 인권 침해의 심각성을 깨닫고 아동의 인권이 보호되어야 하는 이유가 무엇인지 생각해 봅시다.

발상 및 구상

이름:

학교   학년   반

Chapter 7 창의적으로 읽기

생각의 편견을 버려!

무엇을 광고하고 있는 것일까?

01 무슨 광고가 이래?
02 누구일까
03 최고의 화가를 찾아라!
04 희망이란?

Prologue

 편하게 누워서 우유를 마실 수 있는 방법은 없을까?

연필 깎기 귀찮은데 매번 깎지 않고 쉽게 쓸 수 있는 방법은 없을까?

 주름 빨대와 샤프처럼 생활 속의 불편한 점을 개선할 수 있는 방법에 창의력을 더하면 훌륭한 발명품을 만들 수 있어.

창의적으로 읽기
HAKCHUN

1. 왜 〈창의적으로 읽기〉가 중요하죠?

같은 영화 속의 한 장면을 봐도 보는 사람마다 다르게 반응하고, 또 다른 생각을 떠올릴 수 있습니다. 그만큼 우리는 자유롭게 생각할 수 있습니다. 그러므로 책읽기도 꼭 정해진 내용과 답만 찾는 것에서 벗어나 새롭게 읽거나, 읽은 내용을 통해 어떤 새로운 생각과 아이디어를 찾을 수도 있습니다. 21세기는 주어진 답만 찾는 인재보다 엉뚱하더라도 새롭고 기발한 발상과 생각을 떠올릴 수 있는 인재들을 원한답니다.

2. 〈창의적으로 읽기〉를 하면 뭐가 좋죠?

책의 내용을 전혀 새롭게 받아들일 수 있고, 이 과정에서 책읽는 재미가 더해집니다. 그리고 생각의 폭이 넓어지고 더 개성적인 사고를 할 수도 있습니다.

3. 어떻게 하면 〈창의적으로 읽기〉가 될까요?

- 결말이나 중간중간의 내용을 새롭게 읽어보려고 노력합니다.
- 내용 자체를 창의적으로 다시 만들어 보고, 또 상상합니다.
- 책에서 읽은 내용을 통해 다른 분야에 새롭게 응용하거나 활용할 수 있는지 생각해 봅니다.

01 무슨 광고가 이래?

※ 다음 광고를 보고 질문에 답해 봅시다.

- 광고 읽기
- 해충 방제 전문 업체 〈세스코〉의 지면광고 : 버터를 바른 식빵의 한 귀퉁이를 베어 문 자리에 바퀴벌레의 반쪽 몸통이 발견된 모습을 통해 보는 사람의 시각을 자극시킨 광고

음식을 먹다가
㉠
가장 기분이 나쁠까요?

㉡ 없음을 확인하려면

1 이 광고 속의 ㉡을 보고, ㉠에 들어갈 말을 써 봅시다.

2 이 광고는 무엇을 선전하고 있는 것으로 보입니까?

3 만약 내가 이 광고를 만든다면 어떻게 만들고 싶은지 광고 문구를 써 보고, 그림으로 표현해 봅시다.

카피 :

그림 :

02 누구일까

TEXT GUIDE

※ 다음 시를 읽고 질문에 답해 봅시다.

• 동시 읽기

• '누구일까': 달개비꽃과 패랭이꽃의 이름을 붙인 사람이 누군지 궁금하다는 작자의 마음이 표현된 시

들길을 걷다 보면
도랑가로 달개비꽃 피어 있지요.
달개비꽃 볼 때마다
달개비란 이름 맨 처음 붙인 사람
궁금하지요.

누구일까

산길을 걷다 보면
길섶으로 패랭이꽃 피어 있지요.
패랭이꽃 볼 때마다
패랭이란 이름 맨 처음 붙인 사람
궁금하지요.

누구일까

1 이 시에서 지은이가 궁금해 하는 것은 무엇입니까?

(1) 1연 :

(2) 2연 :

② 이 시에 등장하는 달개비꽃과 패랭이꽃의 이름이 생기게 된 까닭을 상상해 봅시다.

달개비꽃	패랭이꽃

③ 사물 중에서 한 가지를 정해 다음 빈 칸에 알맞은 말을 넣어 시를 완성해 봅시다.

_____ 걷다 보면

_____ 에 _____ 있지요.

_____ 볼 때마다

_____ 궁금하지요.

④ 위에서 쓴 내용이 궁금한 까닭을 써 봅시다.

이름이 궁금한 까닭	
이름이 생기게 된 원인 상상하기	

창의적으로 읽기

03 최고의 화가를 찾아라!

※ 다음 글을 읽고 질문에 답해 봅시다.

- 외국 고전 읽기
- 헤로도토스의 이야기 중 한 부분 : 그리스의 역사가 헤로도토스의 이야기로 사람의 눈을 속이는 그림을 그린 화가를 최고의 화가로 뽑은 이야기

어느 날 최고의 화가를 뽑는 대회가 열렸습니다. 그런데 마지막으로 남은 두 사람의 화가 중 누가 최고의 화가인지 아무도 결정할 수가 없었습니다. 사람들은 지난번 대회에서 1등으로 뽑힌 노인을 찾아가 두 화가 중 최고의 화가를 가려 달라고 부탁했습니다.

늙은 화가는 두 화가에게 석 달의 기간을 줄 테니 진짜와 똑같이 생긴 그림을 그려 오라고 했습니다.

석 달뒤 두 화가는 그림을 그려 왔고, 많은 사람이 어느 화가가 승자가 될지 보려고 시장 거리로 모여들었습니다. 두 그림은 커튼에 가려져 있었고, 판정을 내릴 늙은 화가는 그 앞에 서 있었습니다.

첫 번째 화가가 자신의 그림을 보이기 위해 커튼을 젖혔습니다. 첫 번째 화가는 포도가 담긴 접시를 그렸는데 사람들은 포도가 탐스럽고 맛있게 보여 진짜 포도 같다며 모두 놀랐습니다. 그 때 갑자기 새들이 홱 날아와서 그림을 쪼기 시작했습니다. 새들이 그림 속에 있는 포도를 먹으려고 했던 것입니다.

"새들이 진짜 포도인 줄 아나봐! 저게 최고의 그림이 틀림없어!"

늙은 화가가 두 번째 화가에게 그림을 가린 커튼을 걷으라고 했습니다. 그러나 두 번째 화가는 웃기만 할 뿐 전혀 움직이지 않았습니다.

늙은 화가는 한참을 기다리다 더 이상 참을 수 없어서 직접 커튼을 걷으려고 앞으로 걸어 나갔습니다. 그러나 이상하게도 커튼이 잡히지 않았습니다.

"어? 커튼이 없네!"

"제 그림은 커튼을 그린 것입니다."

두 번째 화가가 말했습니다. 사람

최고의 화가가 누구일지 생각해 봐~!

들은 놀랬고, 늙은 화가는 마음을 가라앉히고 누가 최고의 화가인지 결정해야겠다고 생각했습니다.

그리고 잠시 후 늙은 화가는 첫 번째 화가를 향해서 이렇게 말했습니다.

"당신의 그림은 새를 속일 수 있을 만큼 아주 훌륭하네."

그러고는 두 번째 화가를 향해서 이렇게 말했지요.

㉠ _____

❶ 늙은 화가가 두 번째 화가를 향해 뭐라고 이야기했을지 ㉠의 빈 칸을 채워 봅시다.

❷ 포도를 그린 화가와 커튼을 그린 화가 중에서 누가 최고의 화가로 뽑혔을지 까닭과 함께 써 봅시다.

❸ 두 번째 화가가 최고의 화가로 뽑혔습니다. 그렇다면 첫 번째 화가는 훌륭한 화가가 아닐까요? 첫 번째 화가가 훌륭한 까닭을 생각해서 써 봅시다.

❹ 세 번째 화가가 있었다고 상상해 봅시다. 만약 그 세 번째 화가가 우승을 했다면 어떤 그림을 그려 우승을 했을지 까닭과 함께 써 봅시다.

세 번째 화가는   그림으로 그렸다.

04 희망이란?

TEXT GUIDE

- 외국 고전 읽기

<재울시 교육청 선정 도서>
〈초 5-2 국어과〉

- 장석준, 「캐릭터 만화로 보는 그리스 로마 신화」
: 제우스가 신들의 전유물인 불을 훔친 프로메테우스와 그 불을 사용한 인간들을 벌한다는 내용의 이야기

※ 다음 글을 읽고 질문에 답해 봅시다.

프로메테우스는 신들의 불을 훔쳐서 사람들에게 가져다주기로 마음먹고, 올림푸스 산에 올라가 다른 신들 몰래 나뭇가지에 불을 붙여 사람들에게 내려갔습니다.

"여기 불이 있다. 이것을 잘 쓰면 너희들은 이 세계를 다스릴 수도 있을 것이다."

사람들은 불을 사용하기 시작했고, 이 모습을 보게 된 제우스는 무척 화가 났습니다.

"프로메테우스가 내 명령을 어기고 불을 훔쳐서 인간에게 주었구나. 불을 훔친 프로메테우스와 불을 받은 사람들 모두 큰 벌을 내려야겠다."

제우스 신은 프로메테우스를 카푸카스 산꼭대기에 쇠사슬로 묶어 놓았습니다. 낮에는 뜨거운 햇살이 내리쬐고, 밤에는 매서운 추위가 프로메테우스를 괴롭혔지만 그는 자신의 행동에 대해 반성을 하지 않았습니다.

제우스는 독수리를 보내 프로메테우스의 간을 쪼아 먹도록 했습니다. 독수리가 쪼아 먹은 간은 다음 날이면 다시 원래 크기대로 자랐고, 프로메테우스는 똑같은 고통을 날마다 겪어야 했습니다.

그러던 어느 날, 카프카스 산을 지나던 헤라클레스가 독수리에게 간을 쪼아 먹히고 있는 프로메테우스를 보게 되었고, 헤라클레스는 화살로 독수리를 죽이고 그를 구해 주었습니다. 그래서 프로메테우스는 비로소 3만 년 동안 계속된 고통스러운 벌에서 벗어날 수 있게 되었습니다.

제우스 신은 불을 사용하게 된 사람에게도 벌을 내리는 걸 잊지 않았습니다. 제우스 신은 대장간의 신 헤파이스토스를 불러 아름다운 여자를 만들어 내라고 명령했습니다. 제우스 신은 헤파이스토스가 만들어 낸 여자에게 '판도라'라는 이름을 붙여 주었고, 다른 신들도 판도라를 더 완전하게 만들기 위해 아름

미움, 근심, 질병, 가난이 우리에게 나쁘기만 한 걸까?

다움과 따뜻한 마음, 지혜와 교양 있는 말솜씨, 바느질하는 방법, 호기심을 선물로 주었습니다. 제우스 신은 판도라가 땅으로 내려가기 전에 조그만 상자를 하나 주며 말했습니다.

"너를 보고 좋아하지 않을 남자는 없을 것이다! 이 상자를 가지고 내려가거라. 하지만 절대로 이 상자를 열어 봐서는 안 된다."

판도라는 조그만 상자를 가지고 땅으로 내려가 제우스가 시킨 대로 프로메테우스의 동생인 에피메테우스를 찾아갔습니다. 앞을 내다보는 능력이 있는 프로메테우스는 판도라가 위험한 여자라는 걸 눈치채고, 동생에게 말했습니다.

"에피메테우스 저 여자를 조심해야 한다. 제우스 신이 우리에게 벌을 주려고 내려 보낸 여자야!"

하지만 판도라의 아름다움에 빠진 에피메테우스는 형의 말을 듣지 않고 판도라를 아내로 맞아 행복한 나날을 보냈습니다.

판도라는 제우스 신이 준 작은 상자 속에 무엇이 있는지 늘 궁금했습니다.

어느 날, 그 상자 안이 너무 궁금한 나머지 판도라는 상자의 뚜껑을 열었습니다. 그 순간, 상자 안에서 연기 같은 것이 나와 흩어져 나왔습니다. 이 연기 속에는 ㉠ **미움, 질병, 의심, 슬픔, 근심, 가난, 거짓 등** 사람을 괴롭히는 무서운 것들이 뒤섞여 있었습니다. 깜짝 놀란 판도라는 서둘러 상자 뚜껑을 닫았지만 이미 온갖 나쁜 것들이 세상으로 퍼져 나간 뒤였습니다. 판도라는 자신의 행동을 크게 뉘우치며 슬피 울었습니다. 그 때, 무언가 상자 속에서 뚜껑을 '똑똑' 하고 두드리는 소리가 들려 왔습니다.

"판도라님, 제가 있으면 무서운 것들이 사람들을 괴롭혀도 견디며 살 수 있어요."

"넌 누구지?"

"저는 희망이랍니다!"

1. 프로메테우스가 불을 훔쳐 사람들에게 주었습니다. 사람들이 불을 이용해서 할 수 있는 일을 주변에서 찾아 써 봅시다.

2. 만약 불이 없다면 사람들의 생활이 어떻게 달라졌을지 상상해 봅시다.

3. ㉠과 같은 것들이 사람들을 괴롭히기만 하는 것일까요? 나의 생각을 써 봅시다.

4. 상자에서 마지막으로 '희망'이 나왔습니다. 희망이 사람들에게 어떤 영향을 주었을지 이야기의 뒷부분을 써 봅시다.

Epilogue

우리가 흔히 먹는 수박은 초록색 껍질과 빨간색 속으로 이루어져 있어요. 그런데 껍질과 속이 노란 수박을 본 적이 있나요? 그렇다면 그 맛은 어떨까요? 또 내가 다른 색의 수박을 만든다면 어떤 색으로 만들고 싶은지 그 까닭과 함께 생각해 보세요. 이렇게 내 마음대로 자유롭게 생각하고 창의적으로 글을 읽으면 책 속에 숨겨진 또 다른 의미를 찾을 수 있답니다.

Chapter 8  미디어 읽기

정보의 바다에 빠져 봅시다!

TV 속 세상이 전부는 아니야!

- 01 아기에게 왜 이래?
- 02 외모 개조로 신데렐라의 꿈에 도전하라?
- 03 최고로 안전한 게임?
- 04 내 맘대로 하고 싶어!

Prologue

 요즘은 집 밖에서도 휴대 전화기나 PDA를 이용해서 쉽게 정보를 얻을 수 있어.

맞아! 이젠 텔레비전도 휴대 전화기를 이용해서 걸어다니면서 볼 수 있게 됐잖아.

 기계에 대한 감탄보다 다양한 매체를 통해 전해지는 정보들을 유익하게 활용할 수 있는 방법부터 생각해봐야 하지 않을까?

미디어 읽기
H A K C H U N

1. 왜 〈미디어 읽기〉가 중요하죠?

신문, 잡지, 인터넷, TV… 등 우리 주변에 수많은 미디어들이 쏟아내는 정보들 중에는 불필요하고 왜곡된 정보도 많이 있습니다. 그래서 우리는 비판적이고 발전적인 시각으로 미디어를 읽는 능력을 갖추어야 합니다. 그래야 자신에게 필요한 정보를 골라낼 수 있고, 잘못된 진실을 바로 잡을 수 있는 판단력이 생기는 것이니까요.

2. 〈미디어 읽기〉를 하면 뭐가 좋죠?

우선, 다양한 매체들이 전달하는 정보들을 효과적으로 이해할 수 있어서 자신에게 필요한 정보를 좀 더 정확하고 빠르게 얻을 수 있습니다. 또한, 비판적인 시각이 길러져 잘못된 정보나 가치관을 바로잡을 수 있는 안목도 길러집니다.

3. 어떻게 하면 〈미디어 읽기〉가 될까요?

- 미디어들이 전하는 내용을 그대로 받아들이기보다는 그것을 만든 사람의 의도나 목적을 파악해 봅니다.
- 자신의 지식과 경험을 능동적이고 적극적으로 활용해서 미디어가 전하는 정보들을 비판적으로 받아들입니다.

01 아기에게 왜 이래?

- 광고 읽기
- 미국의 어린이 병원 광고
 : 어른 환자를 치료하는 병원과는 달리 아이에게 맞는 치료를 한다는 어린이 병원 광고

※ 다음 광고를 보고 질문에 답해 봅시다.

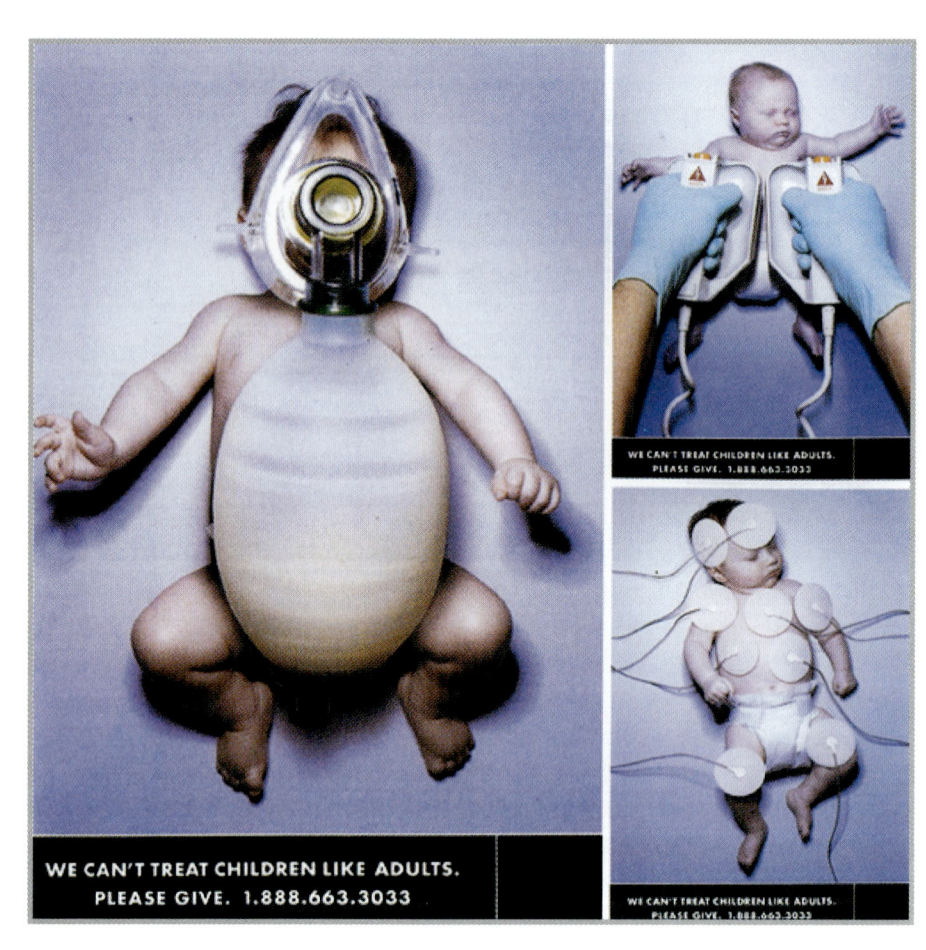

1 사진 속 아기들의 모습을 설명해 봅시다.

❷ 광고를 보고 난 뒤, 나의 느낌을 써 봅시다.

❸ 무엇을 선전하고 있는 광고입니까?

❹ 기억에 남는 광고를 두 가지만 떠올려 보고, 왜 그 광고가 기억에 남는지 까닭과 함께 써 봅시다.

광고 이름	기억에 남는 까닭
(1)	
(2)	

02 외모개조로 신데렐라의 꿈에 도전하라?

TEXT GUIDE

• 신문 기사 읽기
• 가 〈문화일보〉기사 발췌 : 외모 콤플렉스를 가진 사람들을 선별하여 성형 수술과 같은 방법으로 새로운 삶을 찾게 해 준다는 내용의 방송 프로그램이 방영된다는 기사문
• 나 〈연합뉴스〉기사 발췌 : '도전 신데렐라'가 잘못된 성형 문화 조장과 간접 광고를 하고 있다는 이유로 방송 중지 요청을 하는 기사문

※ 다음 기사를 읽고 질문에 답해 봅시다.

가 집 개조(MBC '러브하우스')와 영업 비결 전수(SBS '해결 돈이 보인다') 등 프로그램을 통해 인생역전의 해결사로 활약 중인 TV가 성형미인 만들기까지 자처하고 나서 논란이 예상된다.

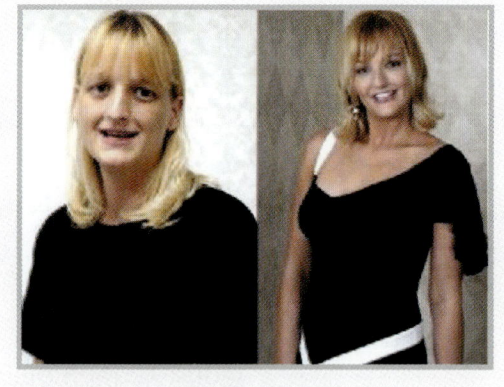

패션 뷰티 전문채널인 동아TV는 8일부터 평범한 여성의 변신을 표방한 '도전 신데렐라! 성형미인 만들기'(월·화 오후2시40분)를 방송한다고 밝혔다. 이 프로는 미국 ABC방송의 인기 리얼리티쇼 'Extreme Makeover'와 따로 제작한 한국판을 번갈아 방송할 계획. 미국판은 여성 지원자들이 전문가의 손길을 거쳐 6주 동안 완전히 새롭게 변신하는 과정을 보여 주는 리얼리티쇼 형식의 프로그램이다.

비슷한 포맷의 ㉠ 한국판은 인터넷으로 모집한 1,240명의 신청자 가운데 3명을 선발한 상태. 이들은 성형·치과의사와 피부 미용사, 트레이너, 메이크업·헤어 아티스트 등의 전문가로 꾸려진 자문단이 100일 동안 진행하는 '외모 개조' 프로젝트를 통해 총체적인 변신을 시도하게 된다.

성형과 치아 미백, 다이어트, 피부 관리는 물론 매너와 화법까지 전수해 새 사람으로 탈바꿈시킨다는 계획. 1인당 투자되는 비용은 5,000만원에 달한다.

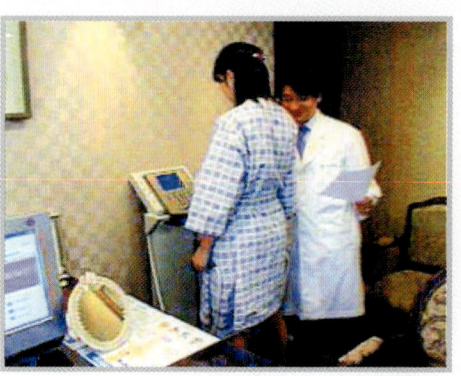

동아TV의 권용석 부장은 "평범한 여성들이 콤플렉스를 극복하고 자신감을 되찾는 모습을 보여 주자는 취지"라며 "1기 3명에 이어 지속적으로 지원자를 모집해 방송할 계획"이라고 말했다.

나 동아TV '도전 신데렐라' 방송중지 요청

한국여성민우회와 서울 YWCA는 동아TV '도전 신데렐라' 프로그램이 성형 수술 조장과 간접 광고 등을 이유로 방송 중지를 방송위원회에 요청했다고 27일 밝혔다.

이들 여성 단체는 "최근 방영된 '도전 신데렐라'는 여성들의 외모 콤플렉스를 부추기고 성형 수술을 조장할 뿐만 아니라 미용성형의 부작용에 대한 정보는 전혀 제공하지 않은 채 미용 성형이 지극히 안전하며 외모 콤플렉스를 해결한다는 내용만을 방송하고 있다"고 비판했다.

이들은 이어 방송 중에 관련 의사의 경력이 상세히 소개되고 있고 방송이 끝날 때 엔딩 타이틀에 병원 이름 등이 그대로 공개 돼, 프로그램에 참여한 성형외과, 치과 등 관련업체를 부당 간접 광고하고 있다"고 지적했다.

이들은 동아TV를 시청하는 여성 시청자 중 10대가 차지하는 비중이 43%에 달한다고 알려져 '도전 신데렐라'의 방송이 특히 청소년에게 미치는 악영향이 크다고 덧붙였다.

동아TV의 '도전 신데렐라'는 미인 만들기 100일 대작전을 표방하며 성형 수술을 원하는 1천여 명의 여성 지원자 중 3명을 선정해 성형 수술 전과 후를 보여 주는 프로그램이라고 이들 단체는 설명했다.

❶ ㉠ 1,240명의 지원자가 '도전 신데렐라'에 참여하기 위해 모였다고 했습니다. 사람들이 많이 모인 까닭은 무엇입니까?

❷ '도전 신데렐라'의 방송을 중지시키려고 하는 까닭을 나 에서 찾아 써 봅시다.

❸ '도전 신데렐라'와 같은 방송에 대해 어떻게 생각합니까? 계속 방송을 해야 하는지 하지 말아야 하는지에 대한 나의 생각을 써 봅시다.

❹ 여러분이 즐겨 보는 방송 프로그램 중에서 마음에 들지 않는 프로그램을 써 보고, 그 까닭을 이야기해 봅시다.

방송 프로그램 이름 :

까닭 :

03 최고로 안전한 게임?

- 신문 기사 읽기
- 〈중앙일보〉 기사 발췌 : 텔레비전 프로그램에 출연하는 연예인들이 다칠 수 있다는 위험성을 전달하는 기사문

※ 다음 글을 읽고 질문에 답해 봅시다.

　SBS '웃찾사'에 출연 중인 개그맨 김기욱씨가 오락 프로그램 녹화 도중 다쳐 한동안 방송 활동을 못하게 됐다. 김씨는 25일 SBS '일요일이 좋다'의 'X맨' 코너 녹화 도중 '말타기' 게임을 하다 넘어져 왼쪽 무릎 인대가 파열됐다. 완치까지는 1년 정도 걸린다고 한다. 김씨는 '웃찾사'의 '화상고' 코너로 인기 절정에 오른 신인이다. 오랜 무명생활을 끝내고 막 날개를 펴려는 마당에 안타까운 사고를 당했다.

　김씨가 사고를 당한 '말타기' 게임은 이미 여러 차례 위험하다는 비판을 받아 왔다. '말타기' 게임은 '성우 장정진씨가 KBS2 '일요일은 101%' 녹화 도중 떡 먹기 내기를 하다 기도가 막혀 숨진 지난해 10월부터 '실제상황 토요일'에서 방송되고 있었다. 본지도 이 게임의 위험성을 지적했고, 시청자 게시판에도 '정말 위험한 놀이', '허리 다칠까 걱정' 등의 우려가 줄을 이었다. 하지만 SBS는 이런 경고를 무시하고 가을 개편 때 이 코너를 '일요일이 좋다'로 수평 이동하는 애착을 보였다.

　일명 '말뚝박기'로 불리는 '말타기' 게임은 네다섯 명이 줄지어 허리를 굽히고 앞사람 다리 사이에 머리를 넣고 있으면 다른 팀원들이 그 위에 뛰어 올라타는 게임이다. SBS는 덩치 큰 출연자가 올라탈 때 '말' 역할을 하는 출연자가 괴로워하는 모습을 '비몽사몽', '비틀' 등의 자막을 곁들여 '재미있게' 편집, 방송해 왔다.

　TV 오락 프로그램의 가학성은 하루 이틀 된 문제가 아니다. 출연자를 괴롭혀 시청자를 웃기겠다는 저질 발상이 낳은 안전사고도 상당수다.

　지난해 성우 장씨의 사고 직후 방송

위원회는 방송심의규정에 '지나치게 가학적이거나 피학적인 내용으로 프로그램을 구성해서는 안 된다'는 조항을 추가했고, 방송사들도 대응책 마련에 부산했다. 하지만 '설마……' 하는 안전 불감증은 바뀌지 않았다. SBS는 25일 결국 자사의 대표급 개그맨을 쓰러뜨리고서야 '말타기' 게임을 폐지하기로 했다. 사고 재발을 막겠다는 다짐은 언제까지 공염불에 그칠 것인가. 이제라도 '출연자 고통 → 시청자 웃음 → 시청률 상승 → 광고 증가'란 유치한 고리를 끊어야 한다. 가학적인 프로그램이 재미를 준다는 착각에서 벗어나야 한다.

❶ 이 신문 기사는 방송의 어떤 점을 비판하고 있습니까?

❷ 여러분도 방송 오락 프로그램에서 위험한 장면을 본 적이 있습니까? 어떤 장면인지 써 보고, 그것을 보았을 때의 느낌을 이야기해 봅시다.

③ 사람이 죽을 정도로 위험한데 방송사들은 왜 이런 게임을 보여 주는 것일까요? 그 까닭을 생각해 써 봅시다.

④ 이런 방송을 만든 사람들과 보는 사람들의 잘못을 각각 비판해 봅시다.

방송을 만든 사람 :

방송을 보는 사람 :

⑤ 오락 프로그램을 통해 우리가 얻을 수 있는 것은 무엇이며, 반대로 잃고 있는 것은 무엇인지 써 봅시다.

04 내 맘대로 하고 싶어!

- 대중가요 읽기
- 유노알파, 〈왜 때려요 엄마〉: 이 노래는 자신의 꿈을 이해하지 못하는 부모님을 원망하는 자식의 마음이 담긴 노래

※ 다음 글을 읽고 질문에 답해 봅시다.

어제는 ㉠ 자습서를 산다고 엄마에게 돈을 또 타냈지
여러 번 속아 넘어간 엄마 아무런 의심도 하지 않아

아무것도 모르는 엄마 아무것도 모르는 울 엄마

오늘은 ㉡ 도서실에 간다고 락클럽가서 흔들었지
락앤롤 음악에 마음을 뺏겨 밤늦게 서야 집에 오니
화가 난 엄마 사자로 변해 무섭게 내게 다가오는데

몽둥이 들고서
왜 때려려요 엄마 왜 때려려요 엄마
엄마도 그럴 때가 있었잖아
왜 때려려요 엄마 왜 때려려요 엄마
㉢ 춤을 추고 싶을 뿐인데
왜 때려려요 아빠 왜 때려려요 아빠
내가 뭐 동네 북인 줄 아나봐
내 할 일을 해요 내 걱정은 마요
나쁜 길 안 빠질게 내버려 둬요

날 믿어
go go go go
난 아직 어린 나이
go go go go
아무 것도 못 할 시기
go go go go
나의 길을 찾아서
누구도 손도 못댈 만큼의 나의 길로
oh oh oh oh
이젠 날 막지 마요
oh oh oh oh

1 이 노래는 누가 누구에게 하는 말을 가사로 옮긴 것인가요?

2 ㉠, ㉡에 비추어 ㉢과 같이 말하는 아들의 행동을 평가해 봅시다.

3 이 노래 가사가 전달하는 주제는 무엇이며, 여러분은 그 가사에 얼마나 공감하나요? 나의 생각을 써 봅시다.

가사가 전달하려는 주제 :

나의 생각 :

4 내가 가장 좋아하는 대중가요의 가사를 써 보고, 좋아하는 까닭도 말해 봅시다.

Epilogue

우리는 정보의 바다에서 살고 있습니다. 다양한 매체들을 통해 유익한 정보는 물론 재미까지 느낄 수 있으니까요. 그러나 이런 정보들도 나만의 시각으로 바라보고 생각해야 합니다. 왜냐하면 그 정보가 나에게 유익한 정보인지 나에게 악영향을 끼치는 정보인지를 판단해야 양질의 정보를 활용할 수 있으니까요.

'독서'에서 '논술'로 04

얼굴만 예쁘면 다야?

– 외모 지상주의 문화에 대해서

성형 수술로 해결하자!

얼굴이 예쁘면 잘못해도 용서해 준다고? 우리의 머릿속에 외모 지상주의가 뿌리 깊게 박혀 있어 외모보다 중요한 것이 무엇인지 잊고 있는 것 같아.

※ '외모 개조로 신데렐라의 꿈에 도전하라!'의 내용을 바탕으로 초등학생들 사이에 퍼진 외모 지상주의의 문제점을 고민해 봅니다.

이와 같은 외모가 중시되는 풍조에 관한 문제는 〈2001년 서울대〉 면접 문제로 출제되었고, 대입 논술·구술에서 다루고 있는 문제입니다.

나도 얼짱이 되고 싶다!

TEXT GUIDE

논술쓰기
가 〈연합뉴스〉 기사 발췌
나 〈국민일보〉 기사 발췌
: 초등학생들의 '얼짱 신드롬'의 현실과 문제점에 관한 기사문

글 가 와 나 의 공통된 문제점을 찾아 비판해 보고, 외모 지상주의를 개선할 수 있는 방법을 논술해 봅시다. (500자 ±100자)

가 한국여성민우회와 서울 YWCA는 동아TV '도전 신데렐라' 프로그램이 성형 수술 조장과 간접 광고 등을 이유로 방송 중지를 방송위원회에 요청했다고 27일 밝혔다.

이들 여성단체는 "최근 방영된 '도전 신데렐라'는 여성들의 외모 콤플렉스를 부추기고 성형 수술을 조장할 뿐만 아니라 미용 성형의 부작용에 대한 정보는 전혀 제공하지 않은 채 미용 성형이 지극히 안전하며 외모 콤플렉스를 해결한다는 내용만을 방송하고 있다"고 비판했다.

이들은 이어 "방송 중에 관련 의사의 경력이 상세히 소개되고 있고 방송이 끝날 때 엔딩 타이틀에 병원 이름 등이 그대로 공개 돼, 프로그램에 참여한 성형 외과, 치과 등 관련업체를 부당 간접 광고하고 있다"고 지적했다.

이들은 동아TV를 시청하는 여성 시청자 중 10대가 차지하는 비중이 43%에 달한다고 알려져 '도전 신데렐라'의 방송이 특히 청소년에게 미치는 악영향이 크다고 덧붙였다.

동아TV의 '도전 신데렐라'는 미인 만들기 100일 대작전을 표방하며 성형 수술을 원하는 1천여 명의 여성 지원자 중 3명을 선정해 성형 수술 전과 후를 보여 주는 프로그램이라고 이들 단체는 설명했다.

나 '얼짱 신드롬'이 초등학생들에게까지 확산되면서 성형 외과를 찾는 어린이가 크게 늘고, 학교 주변 문구점마다 어린이용 화장품이 불티나게 팔리고 있다. 외모에 대한 지나친 집착 때문에 이른바 '성형 중독'에 빠져 정신과 치료를 받는 경우도 발생하고 있다.

병원 전문의 이모씨는 "김양은 자신이 남에게 어떻게 보일까 두려워 사람들을 제대로 쳐다보지 못할 정도로 외모에 집착했고 성형 중독 증세마저 나타냈다"며 "최근 자신에 대해 왜곡된 이미지를 갖고 있어 치료받는 초등학생이 부쩍 늘었다"고 말했다.

방송이 사람들에게 미치는 영향을 생각해 보자.

　서울 행당동 H초등학교 전모(12)양은 "눈썹이 눈을 찌른다"며 부모를 설득해 쌍꺼풀 수술을 받고 부작용이 생긴 뒤로 대인기피증세를 보여 병원 신세를 지고 있다. 서울 청담동 W성형외과 우모(36) 원장은 "방학을 앞두고 초등학생 성형 문의가 하루에 3~4건씩 들어온다"며 "보톡스 시술을 받는 엄마를 따라 병원에 왔던 초등학생이 엄마 몰래 다시 찾아와 자신의 성형 수술을 문의한 적도 있다"고 말했다. 서울 역삼동 A성형외과 김모(41) 원장은 "지난달 한 초등학생이 어머니와 함께 찾아와 턱과 코를 수술하겠다고 해 만류했다"며 "위험한 줄 알지만 최근 적자에 시달리는 개인병원으로서는 뿌리치기 힘든 유혹"이라고 털어놨다.

　이날 서울 압구정동 A초등학교 앞 문구점에는 초등학생 7명이 모여 매장 한쪽에 마련된 1,500원짜리 립글로스 등 화장품을 고르고 있었다. 친구와 함께 무슨 립글로스를 살까 고민하던 전모(12)양은 "요즘 선생님 몰래 가볍게 투명 화장하는 게 인기"라며 "영국에서 수입한 어린이 화장품을 가지고 다니며 자랑하는 친구들도 있다"고 말했다.

　대한성형외과학회 오석준 회장(58)은 "수술을 해서라도 예뻐지겠다는 초등학생들이 늘어 우려스럽다"며 "자라면서 수술 부위가 변형되거나 성장 장애가 생길 수도 있으니 질환이나 사고로 인한 수술이 아닐 경우 자제해야 할 것"이라고 당부했다.

초등학교 때 성형 수술을 하면 어른이 되서 문제가 없을까?

차근차근~ 생각을 정리해 보자!
답안을 쓰기 전에, 생각부터 정리하고, 의문을 던져 보세요~!

1. 가 의 '도전 신데렐라'와 같은 방송이 청소년에게 미치는 영향을 찾아 써 봅시다.
2. 나 글을 읽고 초등학생들의 '얼짱 문화'가 생긴 원인을 찾아 써 봅시다.
3. 외모만을 중요시했을 때 생기는 문제점을 써 봅시다.

무엇을 써야 하지?

주어진 논제는, 다음과 같은 내용을 요구하고 있습니다.

① 글 **가** 와 **나** 의 문제점을 찾아 비판한 뒤
② 외모 지상주의를 개선할 수 있는 방법을 논술해 봅시다.

먼저 잘못된 성형 열풍 조장과 간접 광고가 대중에게 악영향을 미치고 있는 텔레비전 프로그램에 대한 비판을 담은 **가** 글과 초등학생들까지도 성형 수술에 열을 올리는 세태를 보도하고 있는 **나** 글에 나타난 외모 지상주의에 대한 비판을 해야겠지요? 그리고 난 후 이것과 연결하여 외모 지상주의를 없앨 수 있는 방안을 생각해 보아야 합니다.

어떻게 써야 하지?

1) 제시문에서 언급하는 문제점을 정확히 분석할 것!
가 에서는 외모 지상주의를 조장하고 잘못된 성형 문화를 조장하는 텔레비전 프로그램의 악영향에 대해 말하고 있습니다. 성형 수술을 통해 신데렐라로 만들어 준다는 방송 프로그램이 청소년들에게까지 외모만을 중요시하는 잘못된 의식을 심어줄 수 있다는 것이지요. **나** 글은 초등학생들에게 까지 퍼진 성형 수술 열풍을 보도하고 있습니다. 두 글 모두 외모를 중요시하는 외모 지상주의가 낳은 문제점을 말하고 있습니다.

2) 외모보다 더 중요한 것이 무엇인지 고민해 보자!
성형을 하는 것이 꼭 나쁜 것만은 아닙니다. 치료의 차원에서 이루어지는 성형도 있고, 심한 외모 콤플렉스에서 벗어나 자신감 회복을 위한 성형을 할 수도 있습니다. 하지만 문제는 외모만으로 사람을 평가하고 그것을 가장 중요하게 생각하는 외모 지상주의 때문에 성형 수술이 유행처럼 번지고 있다는 것입니다. 그 사람이 가진 능력과 장점을 모두 무시하고 외모만으로 평가한다면 그 사회는 발전할 수 있을까요?
겉모습보다 내면의 모습을 더 아름답게 가꿀 줄 아는 자세가 진정 사회를 발전시킬 수 있는 길은 아닌지 한 번 고민해 보도록 합시다.

발상 및 구상

이름:

학교　　　학년　　　반

※ 들어가기 전에 : 이 책은 다양한 개성적인 반응과 답변을 유도하는 데 목적이 있으므로, 단 하나의 유일한 정답이 없는 문항들도 많습니다. 그러므로 〈정답의 방향〉을 가늠하는 참고 자료로 활용해 주시기 바랍니다.

Chapter 1
자기 감정으로 읽기

주인공은 바로 너!
09쪽

01
김치를 싫어하는 아이들아

작가의 감정을 이해하고, 좋아하는 맛을 시적 감성으로 표현해 봅니다.

❶ **ANSWER** 풋고추를 된장, 고추장에 찍어 먹고 난 후의 느낌

❷ **ANSWER** (있다면) 느낌은? : 입에서 불이 붙는 느낌, 아삭아삭 신선한 느낌, 매워서 혀가 아픈 느낌 / (없다면) 느낌 상상해 보기! : 혀가 후끈후끈 달아오르는 느낌, 표정이 일그러지고 눈에서 눈물이 나올 것 같은 기분

❸ **ANSWER** 떡볶이

❹ **ANSWER** 뻘겋고 길쭉한 미끌미끌 떡볶이 / 입 안에 한 입 베어 물면 눈물이 찔끔 나와 / 매워야 맛있다는 아줌마 말에 / 찬물 벌컥 마시며 씨익 웃지요.

02
아버지의 생일

가난한 여자 아이의 아버지를 향한 끈끈한 사랑을 느껴 봅니다.

❶ **ANSWER** 행색이 걸인처럼 보여 다른 손님들에게 불쾌감을 줄까 봐

❷ **ANSWER** 가난하지만 앞을 못 보는 아버지 생일에, 아버지가 좋아하는 순대국을 사드리는 여자 아이의 모습에서 아버지를 향한 지극한 사랑을 느껴서

❸ **ANSWER** 생선 구이

❹ **ANSWER** 가난은 죄가 아니지만 만일 나라면 음식점 아저씨의 말을 듣고 창피해 했을지도 모른다. 물론 마음으로는 부모님이 안쓰러워 맛있는 것을 사드리고 싶었겠지만 여자 아이처럼 행동으로 실천하지는 못했을 것이다.

❺ **ANSWER** **부끄럽게 생각한 적이 있다** : 우리 엄마는 사람들이 있건 없건 항상 큰 소리로 말을 하신다. 다른 사람들이 들으면 내가 혼날 짓을 해서 야단맞는 줄 안다. 그럴 때 너무 창피하다. / **부끄럽게 생각한 적이 없다** : 우리 아빠는 세상에서 가장 멋진 남자다. 재밌는 이야기도 잘 해 주신다. 엄마가 막지 않는다면 내가 원하는 것도 잘 사주신다.

03
나비야 날아라

몸이 아픈 현아가 회복되길 바라는 선생님의 마음을 느껴 봅니다.

❶ **ANSWER** 나비처럼 자유롭게 날아다니고 싶어서

❷ **ANSWER** 자유롭게 나는 나비처럼 현아가 맘껏 뛰어 놀거나 움직일 수 있을 것 같다는 희망이 커져갔다.

❸ **ANSWER** 자유롭게 뛰어 놀아야 할 때에 몸이 아파 괴로워하는 승우와 옆에서 그냥 지켜 볼 수밖에 없는 승우 엄마의 고통이 처절하게 느껴진다. 승우가 아픔을 잘 견디고 빨리 일어설 수 있길 바라며, 승우의 경우를 보고 내가 건강하다는 것에 새삼 감사한 마음이 들었다.

❹ **ANSWER** 친구의 짐을 들어다 주었다, 격려의 편지를 보냈다, 재미있는 이야기를 들려 주었다. 등

하지 않는다. 그래서 사람들 앞에서 말하는 것을 무척 싫어했다. 그런데 어떤 친구가 내 목소리를 무척 개성 있다고 말해 주었다. 나의 단점도 개성으로 봐 주는 사람이 있다는 것에 자신감을 얻었다. 나의 단점을 극복할 수 있는 방법은 바로 자신감이라 생각한다. 사람들이 내 목소리가 어떻다는 평가를 해도 그것에 신경 쓰지 않고 당당하게 말하고 행동하는 것이다.

04 너는 특별하단다

내가 소중하고 특별한 존재라는 것을 느껴 봅니다.

❶ **ANSWER** 금빛 별표 : 외모나 재주가 뛰어난 경우 / 잿빛 점표 : 외모가 볼품없거나 재주가 없는 경우

❷ **ANSWER** 금빛 별표 : 만들기를 잘해서 손재주가 많은 것, 아이큐가 높은 것, 모든 사람들에게 친절한 것 / 잿빛 점표 : 목소리가 굵은 것, 씻기 싫어하는 것, 물에 안 떠서 수영을 못하는 것

❸ **ANSWER** 펀치넬로 자신이 특별하고 소중한 존재라는 것을 깨달았다는 것을 의미한다.

❹ **ANSWER** 거칠고 울퉁불퉁한 내 목소리를 사람들은 여자 아이의 목소리로 생각

Chapter 2
사실적으로 읽기

있는 그대로 보라구!

23쪽

01 현대 사회 속에서의 효

주어진 광고와 신문 기사를 읽고 효의 의미에 대해 생각해 봅니다.

❶ **ANSWER** 효도 '효(孝)'의 아들 '자(子)'를 뒤집어 부모님께 효를 다하지 못하는 현실을 비판하고 있다.

❷ **ANSWER** ②

❸ **G·U·I·D·E** 노인 학대자의 대부분이 친자식이라는 신문 기사의 내용과 어울리지 않는 제목을 찾아봅니다.

ANSWER ④

❹ G·U·I·D·E 현대 사회 문화 속에서 사라진 효의 의미를 생각해 봅니다.

ANSWER 부모님을 공경하자.

02
용감한 애덤

장애를 극복하고 밝고 희망차게 생활하는 애덤의 모습을 통해 어려운 상황 속에서도 희망을 가지면 어려움을 극복할 수 있다는 사실을 알 수 있습니다.

❶ **ANSWER** ③, ⑤

❷ **ANSWER** 너의 장애는 나쁜 것이 아니라 하느님께서 널 특별하게 만들어 주신 것이므로 당당하고 용기있게 세상을 대하거라.

❸ **ANSWER** 두 다리가 없는 장애를 딛고 밝게 살고 있는 모습을 보여 주면서, 힘들고 어려운 상황 속에서도 포기하지 말고 희망을 가지면 좋은 일이 생긴다는 것을 알려 주기 위해

❹ **ANSWER** 두 다리가 없어 불편하고 힘든 것보다 사람들이 자신을 보는 시선 때문에 더 힘들었을 것 같다. 왜냐하면 자신을 무슨 괴물처럼 보는 사람들도 있을 것이고 동정하는 마음으로 보는 사람들도 있기 때문이다. 나도 장애인을 보면 나와 똑같은 사람이라는 생각보다 피하게 되고, 장난을 치고 싶은 나쁜 생각을 할 때가 있다.

03

비겁한 놈

등장 인물의 마음을 이해하고, 시대적 상황을 사실적으로 느껴 봅니다.

❶ **ANSWER** ①

❷ **ANSWER** **숨기려고 했던 것** : 나무패로 인해 학교에서 선생님께 맞은 사실 / **숨기려고 했던 까닭** : 부모님께서 모든 사실을 알게 되시면 걱정을 하실까 봐

❸ **ANSWER** 일본 강점기 때는 한글을 마음껏 쓸 수 없었지만 지금은 자유롭게 한글을 쓸 수 있는 상황인데도 불구하고 무분별한 외래어를 사용하고 있다. 또한 통신의 발달로 알아보기 힘든 외계어를 비판 없이 사용하는 것을 보면 진짜 황당하다. 한글은 국제적으로 과학적이고 아름다운 글이라고 알려져 있다. 그런 우리의 한글을 우리가 망치지 말고 바르게 사용하자.

04
할아버지가 꿈꾸는 세상

풀무원 원경선 할아버지의 농장 시절의 이야기로 실천하는 삶의 중요성에 대해 알아봅니다.

❶ **ANSWER** ③

❷ **ANSWER** 모든 사람이 자신에게 필요한 것만 가지고 남는 것은 자신보다 굶주린 사람들에게 주면 전쟁도 없고 군대도 사라져 평화로운 세상이 온다고 하셨다.

❸ G·U·I·D·E 글을 읽은 후 원경선 할아버지에 대한 자신의 느낀 점을 정리해 봅니다.

ANSWER 굶주린 사람들이 언제라도 와서 먹을 것을 먹고 배를 채울 수 있도록 문을 열어 두신 것이다. 원경선 할아버지는 '한삶회'를 통해서 배우고 깨달은 사실을

실천하시며 모든 사람을 위해 애쓰시는 분 같다. 실천하며 살기란 쉬운 일이 아니기 때문에 훌륭하신 분이라고 생각한다.

'독서'에서 '논술'로 01

노인 학대 남의 일 아니야!

37쪽

G·U·I·D·E (가)는 '등 돌린 자식'이라는 카피와 한자 효(孝)에 쓰인 아들 자(子)가 등을 돌리고 있어 효에 대해 점점 무관심해져 가는 현 세태를 꼬집고 있고, (나)는 가정 내 벌어지는 노인 학대 문제를 보도하고 있습니다. (가)와 (나)의 제시문에서 지적하고 있는 문제점들을 바탕으로 노인을 공경해야 하는 이유를 논술해 봅니다.

예·시·답·안

지금 우리가 살고 있는 사회는 우리가 살기 이전부터 우리 전 세대를 살아갔던 수많은 사람들의 노력으로 가꾸어져 온 것이다. 그리고 우리에게 이런 삶의 터전을 물려준 사람들이 이제는 노인이 되어 힘차게 일했던 자리에서 물러나 있다. 물론 모든 노인들이 젊은 시절 열심히 일을 하여 우리의 본이 되는 것은 아니지만, 적어도 현재 우리가 살아갈 수 있는 터전을 마련해 주었으며, 과거보다 나은 사회를 만들어 주었다는 것은 분명한 사실이다.

하지만 이런 노인에 대한 우리의 인식은 그다지 호의적이지 못하다. 자신의 부모에게도 등을 돌리는 자식들이 늘어가는 것은 물론, 노인을 신체적으로 학대하고 괴롭혀 사회 문제가 되고 있다. 경제력과 노동력이 부족한 노인들을 살피는 것 자체를 손해라고 생각하고, 노인들이 젊은 시절 일구어 놓은 이 사회에서 우리가 살고 있다는 것을 인식하지 못한 채 현재 눈앞에 이익만 밝히다 보니, 사회에서 보호를 받아야 하는 노인들이 갈 곳을 잃고 있는 것이다.

노인을 우리가 공경해야 하는 이유는 그들이 바로 현재의 사회 터전을 닦아놓은 장본인이라는 것이다. 노인들의 풍부한 삶의 경험과 지혜는 앞만 보고 달리는 젊은이들에게 많은 도움을 줄 것이다.

현재 젊은 사람들도 언젠가는 반드시 노인이 된다. 만약 내가 노인이 되었을 때 지금의 노인들처럼 학대를 당하고 무시를 당한다면 어떤 기분이들까? 사회를 지탱하고 발전시키는 것이 젊은이들의 몫이라면 우리에게 이러한 삶의 터전을 마련해 주었던 노인들을 공경하고 보살펴 드려야 하는 것은 당연한 일이라는 것을 잊지 말자.

Chapter 3
추리·상상하며 읽기
숨어 있는 내용을 찾자!
43쪽

01
무슨 샴푸 광고일까?
광고 사진을 보고 어떤 용도의 광고인지 추리해 봅니다.

❶ **ANSWER** 소금통 뚜껑에 구멍이 없다.

❷ **ANSWER** 비듬 예방(치료) 샴푸

❸ **ANSWER** 소금통에 들어 있는 소금은 비듬을 의미한다. 소금통에 뚜껑이 없으니 비듬이 떨어지지 않는다는 것을 상징하는 비듬 샴푸 광고이다.

02
디오게네스와 낡은 통
디오게네스의 독특한 삶의 방식과 그의 성격을 파악해 봅니다.

❶ **ANSWER** 해결해야 할 문제들이 많고 늘 바빠서

❷ **ANSWER** 바쁘지 않고 자유롭게 살고 싶어서

❸ **ANSWER** 부와 명예보다는 자연을 즐기며 자유롭게 살겠다는 의지가 나타남

❹ **ANSWER** 재산을 다른 사람들에게 다 나눠주고 떠나는 모습에서 구속을 싫어하는 자유로운 성격이다. 그와 함께 돈과 명예를 중시하지 않음을 알 수 있다. 또한 친구들을 사귀는 것을 좋아하며 이야기하는 것을 좋아한다. 왕과의 대화에서는 자신의 생각을 당당하게 얘기하는 자기 소신이 있다.

03
항아리의 노래
등장 인물들의 말을 통해 내용을 파악하고 유추해 봅니다.

❶ **ANSWER** 금간 항아리가 아무 쓸모없었기 때문에

❷ **ANSWER** 쓸모없는 몸으로 살아갈 바에는 차라리 벼락이라도 맞아 산산이 부서지는 게 낫다.

❸ **ANSWER** 누군가 자기에게 관심을 갖을 리 없다고 생각했기 때문에

❹ **ANSWER** 다른 항아리 가슴에는 된장, 고추장, 간장, 소금이 가득 담겨 있어서 들어갈 수가 없네요. 그러니 허락해 주세요.

❺ **ANSWER** 이 세상에 쓸모없는 것은 없다.

04
초록 옷을 입은 작은 병사들
글 속에서 의미하는 것을 찾아보고, 사물의 새로운 모습을 발견해 봅니다.

❶ **ANSWER** 개미는 초록 옷을 입은 작은 병사들의 달콤한 젖을 짜서 먹는다.

❷ **ANSWER** 진딧물

❸ **ANSWER** 작은 것에도 관심을 보이며 정신적인 아름다움을 추구하는 동화적인 인물일 것이다.

❹ **ANSWER** 빵이나 옥수수 등에 들어 있는 곰팡이는 인간에게 해롭고 모양도 이상하지만, 곰팡이로 간장, 된장, 페니실린 등을 만들 수 있어 우리 몸에 유익을 준다.

Chapter 4 비판하며 읽기
내 생각은 달라!
57쪽

01
로또 복권 인생 대박?
로또 광고의 문제점을 생각해 비판해 봅니다.

❶ **ANSWER** (가) : 청소를 하고 있다. / (나) : 골프를 치고 있다.

❷ **ANSWER** 로또 복권으로 인생이 달라질 수 있다.

❸ **ANSWER** 최선을 다해 살기보다는 한탕주의 식의 안일한 생각으로 인생역전을 꿈꾸는 사람들이 많이 생겨날 것이다.

❹ **G·U·I·D·E** 인생역전 꿈꾸다가 인생후회 한다, 한탕주의가 스스로를 병들게 한다, 로또 복권 인생 망치는 마약과도 같다.

02
계속 배울래요!
잘못된 교육의 태도와 문제점을 비판해 봅니다.

❶ **ANSWER** 표정이 즐거워 보이지 않고, 연주를 하는 것이 어떤 의미를 지니고 있는지 혼란스러워 하고 있다.

❷ **ANSWER** 엄마가 좋아하니까

❸ **ANSWER** 엄마가 좋아해서 무조건 연주를 하는 것은 잘못된 행동이다. 모든 것에 쉬운 일은 없겠지만 자신의 적성에 맞는 것을 찾아서 해야 힘들어도 그 일을 잘 감당할 수 있는 것이다. 엄마에게 자신의 생각을 정확하게 밝혀야 한다.

❹ **ANSWER** 엄마는 내 의사와 상관없이 연기 학원을 등록해서 다니게 하고 있다. 사실은 태권도 학원을 너무도 다니고 싶은데 보내주시지 않으셨다. 엄마는 연기 학원을 다녀서 유명한 연예인이 되면 돈도 많이 벌 수 있다고 하셨다. 그래서 계속 다니고 있는 중이다.

❺ **ANSWER** 엄마는 아이의 생각보다는 자신이 원하고 좋아하는 쪽으로만 아이의 진로를 결정하려는 그릇된 태도를 가지고 있다. 아이가 좋아하고 잘하는 일이 무엇인지를 충분히 살펴본 후 아이의 적성에 맞게 소질을 키워 줘야 할 것이다.

03
아침에 셋, 저녁에 넷

등장 인물의 어리석은 행동을 비판해 봅니다.

❶ ANSWER 원숭이들의 먹이를 준비하기가 어려워졌다.

❷ ANSWER 원숭이들이 먹을 먹이의 양을 줄이기로 하였다.

❸ ANSWER 저공이 처음에 했던 제안 : 원숭이에게 줄 도토리 수를 아침에 세 개, 저녁에 네 개 주기로 했다. / **원숭이들의 반응** : 꽥꽥 소리를 지르며 불만스러워하였다.

❹ ANSWER 저공이 나중에 했던 제안 : 원숭이에게 줄 도토리의 수를 아침에 네 개, 저녁에 세 개를 주도록 하였다. / **원숭이들의 반응** : 만족해하며 고개를 끄덕였다.

❺ ANSWER 말의 의미를 정확히 파악하지 못하는 원숭이들의 행동이 어리석다. 당장의 이익만 생각하고 나중은 생각하지 못했기 때문이다.

때문에 / **정승들의 행동 이런 게 문제야!** : 거문고 소리가 마음이 청정한 사람들에게 들린다는 임금의 말 때문에 춤을 춘 정승들은 자신과 다른 사람들에게 솔직하지 못했고, 임금의 비위를 맞추려고 진실이 아님에도 불구하고 임금의 행동을 따라했다.

❹ ANSWER 신하들의 의중을 알고 싶은 임금의 마음은 이해가 되지만 임금의 행동에서 문제점은 한 가지의 상황으로 쉽게 사람을 판단해 버리는 편협한 사고방식을 지녔다는 것이다. 왜냐하면 임금의 말 한마디에 정승들의 목숨이 달려 있을 수도 있는데 그 상황에서 누군들 거문고 소리를 듣지 못했다고 할 수 있을까? 임금이 신하의 입장이 되었어도 자신 있게 거문고 소리를 듣지 못했다고 얘기할 수 있을지 의심스럽다.

아첨곡

남을 시험하는 임금의 태도와 자신의 사리사욕을 위해 아첨하는 정승들의 태도를 비판해 볼 수 있다.

❶ ANSWER 정승들이 자신에게 아첨을 하는지 알아보려고

❷ ANSWER 임금이 가져온 거문고는 뜯는 사람이 없어도 소리를 내는데 마음이 청정한 사람에게만 들린다는 임금의 말에 자신이 청정하다는 것을 알려 임금에게 잘 보이려고 춤을 췄다.

❸ ANSWER **정승들이 대답하지 못한 까닭?** : 실제로 거문고에서 소리가 나지 않았기

G·U·I·D·E (가)는 연주에 별로 흥미가 없는 아이가 엄마가 좋아하기 때문에 억지로 배우고 있다는 내용이고, (나)는 방과 후에도 여러 학원을 다니느

라 아이들이 많은 스트레스를 받고 있다는 신문 기사입니다. 초등학생 때부터 많은 학원을 다니며 공부 스트레스로 지친 아이들에게 과연 이와 같은 교육이 어떤 도움을 줄 수 있을지를 생각해 (가)와 (나)에서 공통적으로 밝혔던 문제점들을 지적해 봅니다.

예·시·답·안

대학 합격이 모든 교육과정의 성공적인 것처럼 되어버린 현재 우리 교육 환경은 초등학생들까지 학원으로 내모는 현상을 만들어냈다. 아직 스스로 자신의 삶을 계획할 능력이 모자란 아이들을 잘 가르치고 보살피는 것은 부모와 교육 기관이 마땅히 해야 할 일이지만, 과열된 입시 열풍과 부모들의 지나친 욕심으로 정작 아이들의 인성과 적성이 전혀 고려되지 않은 교육이 이루어지고 있어 문제가 심각하다.

제시문 (가)는 연주에는 흥미가 없는 아이가 엄마가 좋아하기 때문에 연주를 한다고 한다. 또한 (나)에서는 방과 후에도 학원을 전전하는 초등학생들의 처지를 보도하며, 지나친 부모들의 기대와 욕심이 한참 뛰어 놀아야 하는 아이들을 학원에 대한 스트레스로 자살까지 이르고 있다는 문제의 심각성을 말해 주고 있다. 이렇게 학생의 의지나 적성은 전혀 고려하지 않은 교육은 많은 문제점들을 낳는다. 즉, 학생이 정말 잘 할 수 있는 것이 개발되지 못하고, 억지로 배우는 것에 대한 스트레스로 정작 기본적으로 수행해야 할 공부마저도 흥미가 떨어질 수 있다. 또한, 부모님과의 마찰이 생겨 관계가 안 좋아지기도 하고 배우고 싶지 않은 것을 배우느라 많은 시간과 돈, 노력이 낭비될 수도 있다. 무엇보다 스스로 자신의 삶을 개척하고 꾸려나갈 수 있는 능력을 키우지 못한 채로 성장하여 사회에 나가서 제 역할을 못하게 되는 것이다.

사회에서 필요하고 행복한 삶을 꾸려나갈 수 있는 사람으로 키우려면 교육이 올바르게 변화해야 한다. 우선, 교육 기관과 부모들이 성적과 대입만이 교육의 성공인 것처럼 여기는 의식을 바꾸고, 아이의 인성과 적성을 고려한 교육을 지향해야 한다. 그리고 학생들도 자신이 하고 싶은 것을 끊임없이 고민하고 그것을 이루기 위해 노력하는 자세가 필요하다.

Chapter 5 구조 파악하며 읽기
구석구석 따져가며 읽어요!
77쪽

01

앉아서 일하는 건 다 똑같다

제시된 광고를 통해 장애인에 대한 비장애인의 잘못된 인식과 시각을 비판하고 시정하자는 의도를 파악해 봅니다.

❶ G·U·I·D·E A와 B가 무엇을 대비하고 있는지 의미를 파악합니다.

ANSWER A : 의자에 앉아서 일하는 비장애인의 모습 / B : 휠체어에 앉아서 일하는 장애인의 모습

❷ **ANSWER** ⑤

❸ **ANSWER** 신체적인 장애는 일을 하는데 아무런 문제가 되지 않는다, 신체적으로 조금 불편한 장애인도 비장애인과 같은 일을 할 수 있으니 장애인을 고용하자. 등

❹ **G·U·I·D·E** 자신이 직접 만든 광고를 통해 대비적 구성을 효과적이고 실감나게 이해합니다.

ANSWER ㉠ : 컴퓨터로 게임만 해서 눈이 풀리고 머리가 엉망인 사람의 얼굴 / ㉡ : 공부와 친구들과 운동을 하며 노는 사람의 얼굴 / ㉢ : 누구 얼굴이 더 멋질까? 등

❷

나도 날고 싶다

구구와 다른 새들의 생각을 비교·대조해 봅니다.

❶ **ANSWER** 자신의 의지대로 사육장 안과 밖을 자유롭게 드나들고 하늘을 마음껏 나는 참새의 모습을 부러워했다.

❷ **ANSWER** 구구 : 사육장 안이 답답하고 사육장 밖을 나가 넓은 하늘을 날아다니며 자유롭게 살고 싶어했다. / 장닭, 인도공작 : 때가 되면 먹을 것을 주고 사육장 안에서의 안전한 생활을 지속하는 것이 낫다고 생각했다.

❸ **ANSWER** 사육장 밖으로 나가면 자유롭게 자신이 가고 싶은 대로 마음껏 날아갈 수 있기 때문에 자유를 찾아 날아간 것이다.

❹ **G·U·I·D·E** 사육장 밖을 나간 비둘기 구구에게 어떤 일이 일어났는지 자유롭게 상상해 봅니다. 그런 다음 만약 비둘기 구구가 다른 사육장의 동물들처럼 생각했다면 어떻게 되었을지도 함께 생각해 봅니다.

❸

평화 VS 전쟁

평화로운 모습과 전쟁의 비극적 상황을 대비적으로 표현한 그림을 보고, 전쟁의 참혹성과 비극을 사실적으로 이해합니다.

❶ **ANSWER** (가)~(바) : 평화롭고 행복한 가정의 모습 / ㉠ ~ ㉥ : 전쟁으로 인해 가정의 행복이 파괴된 모습

❷ **G·U·I·D·E** 대비되는 그림을 보고 얻은 느낌과 느낌의 차이를 생각해 봅니다.

ANSWER (가)~(바) : 즐거워 보인다, 재미있어 보인다, 행복해 보인다 등 / ㉠ ~ ㉥ : 무서워 보인다, 슬퍼 보인다 등

❸ **ANSWER** 전쟁은 노력하여 이룬 것들을 모두 파괴시킨다, 서로의 이익을 위해 싸우는 전쟁으로 만화에서 보는 것처럼 가정도 파괴된다. 등

❹

나와 조금 다른 형

아픈 형과 동생의 생활 모습을 대비하여 보여 주면서 동생이 형을 생각하는 애틋한 마음을 알 수 있습니다.

❶ **ANSWER** ① 형 : 집에 있다, 친구가 없다, 집에서 텔레비전 만화를 많이 볼 수 있다. / ② 동생 : 학교에 다닌다, 친구가

없다, 학원을 다닌다.

❷ **ANSWER** 아파서 키가 작은 형을 동식이가 놀리는 것 같아서, 동식이가 형인데 키가 작다고 말해서

❸ **ANSWER** 구름은 어디든지 가고 싶은 대로 갈 수 있다고 생각했기 때문에 구름처럼 자유롭고 싶은 마음을 나타낸 것이다.

❹ **G·U·I·D·E** 형과 동생의 모습을 사실적으로 이해하고 구름과 바람의 의미를 구조를 파악합니다.

ANSWER 구름은 바람을 타고 움직인다. 그래서 동생은 아픈 형이 혼자서 못 다니니까 자신이 바람이 되어 구름이 좋다는 형이 원하는 대로 어디든 같이 가고 싶다는 것을 알려 주려고 한 것이다.

가족계획 변천사를 시대별로 비교 파악해 보고, 오늘날 출산율이 감소하는 원인에 대해 생각해 봅니다.

❶ **ANSWER** 적게 낳아 잘 키우자, 적게 낳자.

❷ **ANSWER** 한 자녀보다는 더 낳자, 많이 낳자.

❸ **ANSWER** 60~70년대만 해도 출산율이 높아서 출산을 장려하는 표어가 많이 등장했었다. 그런데 2000년대에 들어와서 출산율이 급격히 저하되고 있기 때문에 (나)와 같은 표어 공모전이 열리게 됐다.

❹ **ANSWER** 고령화에 따른 생산성과 경제 성장률 저하, 인구가 줄어들어 세금이 적게 걷히면 복지문제 미비, 줄어드는 국군 수, 시장의 축소로 인한 경제 규모 축소

Chapter 6
비교하며읽기

같거나 다르거나!

91 쪽

01
가족계획 표어 · 포스터

초등생 일기 검사는 인권침해?
일기 검사에 대한 서로 다른 견해를 비교한 후, 나의 입장을 밝혀 봅니다.

❶ **ANSWER** 일기를 보여 주기 위해 쓰게 되고, 교사의 객관적인 입장이 지켜지지 않을 수 있다.

❷ **ANSWER** 일기 검사를 통해 아이들의 답글을 읽으면 마음이 통한다는 느낌을 받았다. 일기쓰기로 상을 주거나 일기를 공개하는 것은 반대하지만, 아이들을 위해 계속 일기를 쓰게 하고 검사도 하고 싶다.

❸ **ANSWER** 일주일에 두 번 일기 검사를 받고 있다. 선생님이 일기장을 걷어 가시

면 그것을 본 뒤 다시 나눠 주시고 가끔은 일기 아랫줄에 답글도 써 주신다.

④ ANSWER 일기 검사를 하는 것에 대해 반대 입장이다. 분명 일기를 쓰면 좋은 점은 많다. 글쓰기 실력 향상이나, 하루의 일을 기록으로 남겨 반성할 수 있는 시간을 가짐으로써 보다 나은 생활을 위해 노력할 수 있다. 하지만 일기를 쓰는 목적이 검사의 목적이 될 수 있기 때문에 솔직한 마음을 털어 놓기가 어려워진다. 그래서 일기라는 형식에 구애 없이 다양한 형태의 글쓰기 활동을 통해 자기 생각이나 하고 싶은 말을 쓸 수 있도록 하는 것도 일기 검사의 문제점을 보완하기 위한 좋은 방법이라고 생각한다.

03
같은 소재, 다른 글
같은 소재라도 글의 목적에 따라서 느낌이 다르다는 것을 알아봅니다.

① ANSWER (가) : 설명문 / (나) : 시

② ANSWER (가) : 정보를 알려 준다. / (나) : 감동을 준다.

③ ANSWER 달

④ ANSWER (가) : 달에 대한 정보 / (나) : 달이 만든 나뭇가지 그림자

⑤ ANSWER (가) : 달에 대해 알려진 사실을 알기 쉽게 설명해 주고 있으며, 사실적인 정보 전달을 위해 글쓴이의 주장이 들어있지 않다. 딱딱하고 재미가 없다. / (나) : 글의 느낌이 간결하며 짧다. 머릿속에 풍경이 그림처럼 그려진다.

04
성적표
성적표의 평가방식을 비교해 봅니다.

① ANSWER 과목, 세부능력특기상황

② ANSWER 과목, 단원명, 필수목표, 평가내용

③ ANSWER (가) 성적표는 개인의 학습능력 상태를 서술식으로 기록하는 절대 평가 방식의 성적표이며, (나) 성적표는 매우 잘함, 잘함, 보통, 노력 요함 등의 상대 평가 방식을 정하고 있다.

④ ANSWER (가) **성적표를 찬성하는 입장** : 초등학교 때는 성적보다는 인성교육이 더 중요하다. (나) 성적표는 괜히 사교육비만 늘리고 성적으로 인해 학생들이 스트레스를 받을 수 있다. / (나) **성적표를 찬성하는 입장** : 학생이 어떤 과목을 잘하고 어떤 과목이 부족한지를 알 수 있어 공부할 때 효과적이다.

'독서'에서 '논술'로 03

어린이도 사람이다?

105 쪽

G·U·I·D·E 앞에서 배운 초등학생 일기 검사가 학생의 사생활과 자유를 침해한다는 보도를 읽고, 아동

의 인권이 보호 받지 못하고 있는 현실을 비판해 봅니다. 그 다음 아동 인권을 보호해야 하는 이유에 대한 자신의 생각을 논술해 봅니다.

예·시·답·안

아직은 혼자서 할 수 있는 것보다 어른들의 도움을 받아 할 수 있는 일이 더 많은 어린이지만 그렇다고 어린이들이 자신의 생각을 표현할 수 있는 능력이 없는 것은 아니다.

학습지도의 한 방법으로 일기 검사를 하지만 때로는 학습지도의 정도를 넘어서게 될 때 문제가 생긴다. 그리고 검사를 받기 위해 일기를 쓰게 되면 솔직한 자신의 감정과 생각을 표현하여 쓰기 어렵게 되고, 올바른 학습지도를 받기도 어렵다고 생각한다.

그리고 요즘 뉴스를 보면 부모님께 맞은 아이들의 모습을 볼 수 있다. 대부분의 이유는 부모님의 말을 안 듣고, 자식의 교육을 위해 때린다고 한다. 자식을 올바른 길로 이끌기 위한 사랑의 매가 필요할 때도 있다. 그러나 그 정도가 지나쳐 다리가 부러지고, 온 몸에 피멍 투성이인 모습을 보면 너무 끔찍하다. 이런 부모들의 이야기를 들어 보면 "내 자식을 내 맘대로 가르치는데 무슨 상관이냐"라는 반응을 보이는 경우도 있다. 그게 말이 될까?

아동 학대를 받게 되면 정서 불안, 성격 변화, 대인 기피 등과 같은 증상을 보일 수도 있기 때문에 어른이 되어서도 올바르게 성장하지 못할 수도 있다. 그래서 아동의 인권을 보호해 줘야 한다. 어른이라는 이유로 자식을 마음대로 휘두르려고 하기보다는 대화를 통해 서로의 생각을 주고 받고, 어린이의 생각을 존중해 줘야 한다.

Chapter 7 창의적으로 읽기

생각의 편견을 버려!
111 쪽

01
무슨 광고가 이래?

광고를 보고, 무엇을 선전하는지 추리해 봅니다. 그 다음 광고를 응용하여 새로운 광고를 만들어 봅니다.

❶ **ANSWER** 바퀴벌레 몇 마리가 나왔을 때

❷ **ANSWER** '바퀴벌레를 없애자!'는 공익 광고, 빵을 오래 두고 먹어도 벌레가 안 생기는 빵 광고

❸ **G·U·I·D·E** 주어진 광고를 응용하여 해충 박멸 광고를 새롭게 만들어 봅니다.

ANSWER 카피 : 다 잡아 주겠어. / 그림 : 바퀴벌레, 파리를 발로 밟고 있는 모습

02
누구일까

시를 쓴 작자의 마음을 이해합니다. 주변 사물을 관찰하여 그 이름이 생겨난 까닭을 자신만의 관점에서 생각해 봅니다.

❶ **ANSWER** (1) 1연 : 달개비란 이름을 맨 처음 붙인 사람이 누구인지 궁금해 했다. / (2) 2연 : 패랭이란 이름을 맨 처음 붙인 사람이 누구인지 궁금해 했다.

❷ **G·U·I·D·E** 달개비꽃과 패랭이꽃의 이름

이 생긴 까닭을 상상해 봅니다.

ANSWER 달개비꽃 : 달처럼 아름다우면서 가늘고 작을 꽃이라서 붙여진 이름인 것 같다. / 패랭이꽃 : 패랭이꽃은 꽃 모양이 팽이 모양으로 둥글고 아래가 뾰족해서 생긴 이름인 것 같다.

❸ **G·U·I·D·E** 사물의 이름 중에 한 가지를 정해 그 이름이 생겨난 까닭을 생각해 봅니다.

ANSWER 동물원을 걷다보면 / 커다란 새장 속에 딱따구리가 있지요. / 딱따구리를 볼 때마다 / 이름이 왜 딱따구리인지 궁금하지요.

❹ **ANSWER** 이름이 궁금한 까닭 : 딱따구리는 내가 가장 좋아하는 새이고, 말할 때 느껴지는 이름이 독특하고 재미있어서 / 이름이 생기게 된 원인 상상하기 : 나무를 쫄 때 딱딱 소리를 내서

❸
최고의 화가를 찾아라!

새의 눈과 사람의 눈을 속인 두 화가의 그림 중에 누가 더 훌륭한 그림을 그렸는지 생각해 봅니다.

❶ **G·U·I·D·E** 늙은 화가의 말을 추리하여 두 번째 화가에게 뭐라고 했을지 상상하여 써 봅니다.

ANSWER 사람의 눈을 속인 두 번째 화가 당신이 최고의 화가야!

❷ **ANSWER** 두 번째 화가가 최고의 화가로 뽑혔을 것이다. 왜냐하면 사람들이 커튼을 그렸을 거라고 생각하지도 못할 정도로, 실물과 너무나 똑같은 커튼을 그려서 사람들을 놀라게 했기 때문이다.

❸ **ANSWER** 새들이 진짜 포도인 줄 알고 그림을 쪼게 만든 첫 번째 화가도 최고의 화가라고 생각한다. 만약 첫 번째 화가도 커튼을 그렸다면 더욱 잘 그렸을지도 모른다. 다만 아쉬운 것은 커튼을 그리겠다는 생각을 못했다는 거다.

❹ **G·U·I·D·E** 자신이 세 번째 화가가 되어 그림을 그렸다면 무엇을 그렸을지 생각해 봅니다.

ANSWER 세 번째 화가는 자신의 모습을 그림으로 그렸다. 세 번째 화가는 사람들 앞에 그림을 세워두고 사람들 사이에 숨어 있었다. 나중에 그 그림이 세 번째 화가가 아니라는 사실을 알게 된 사람들은 모두 깜짝 놀랐다. 왜냐하면 사람들은 그것이 그림이라고는 생각도 못했기 때문이다.

❹
희망이란?

글의 내용을 이해하고 창의적으로 생각해 봅니다.

❶ **ANSWER** 생선과 고기를 익혀서 먹을 수 있다, 추울 때 따뜻하게 생활할 수 있다, 뜨거운 물을 끓여 먹기도 하고 씻을 수도 있다. 등

❷ **ANSWER** 추운 겨울을 따뜻하게 보낼 수 없다, 음식을 익혀서 먹을 수 없다. 등

❸ **G·U·I·D·E** 모두가 부정적으로만 생각하는 것들이지만 이런 것들도 나름대로의 가치는 없는지 개성적, 창의적으로 이야기해 봅니다.

ANSWER 슬픔이 있기 때문에 기쁨을 느낄 수 있고, 때로는 선의의 거짓말이 필요할 때도 있다, 미움이 있기 때문에 사랑이

있다. 등

❹ G·U·I·D·E 희망이 있기에 용기와 도전을 할 수 있고 노력을 할 수 있습니다.

ANSWER 판도라가 연 상자에서 나온 것들은 사람들에게 안 좋은 일을 많이 생기게 했지만 그 사람들은 희망이 있어서 용기를 잃지 않았다.

❷ ANSWER 아기가 너무 힘들어 보인다, 큰 의료 기구들이 아기를 누르고 있는 것 같다. 등

❸ ANSWER 어린이에게 가혹한 의료 행위를 하지 말자는 광고, 어린이 병원 광고

❹ ANSWER (1) 김치냉장고 광고 : 어린 아이들이 맛있게 김치를 먹는 모습이 귀여워서 기억에 남는다. / (2) 휴대 전화기 광고 : 여자의 허리를 찌르면 다양한 음악을 부르는 모습이 기억에 남는다.

Chapter 8
미디어 읽기
정보의 바다에 빠져 봅시다!
125 쪽

02

외모 개조로 신데렐라의 꿈에 도전하라?

비판적인 시각으로 신문 기사를 읽어 봅니다.

❶ ANSWER 자신의 외모 콤플렉스에서 벗어나고 싶어서, 성형 수술을 하고 싶어도 돈과 여건이 안되서 못하는 사람들을 공짜로 해 주니까

❷ ANSWER 여성들의 외모 콤플렉스를 부추기고 성형 수술을 조장하여 미용 성형이 지극히 안전하므로 외모 콤플렉스를 해결할 수 있다고 방송하고 있기 때문에, 프로그램에 참여한 성형 외과, 치과 등 간접 광고를 하고 있기 때문에, 청소년들에게 악영향을 끼칠 수 있기 때문에

❸ ANSWER 찬성 : 외모에 자신 없어서 취직이나 학교에서 왕따를 당할 수도 있다. 그렇게 되면 심각한 정신병까지 유발할 수 있다. 돈이 없거나 여건이 안 돼서 고치고 싶어도 고치지 못하는 사람들을 치료해 주고, 이를 통해 그들이 행복한 삶을 살 수 있는 기회를 줄 수 있기 때문에 찬성한다. / 반대 : 이런 방송이 외모 지상주의를 더

01

아기에게 왜 이래?

어린이 병원의 광고를 통해 광고의 기능과 목적에 대해 생각해 봅니다.

❶ ANSWER 갓난 아기에게 너무 큰 성인용 산소 마스크, 전기 충격기와 같은 의료 기구를 이용하여 치료를 하고 있는 사진이다.

욱 부추겨 사람들이 외모로 모든 것을 쉽게 해결할 수 있다는 잘못된 생각을 하게 만들 수 있다. 또한 성형 수술의 부작용이 생길 수도 있기 때문에 반대한다.

❹ ANSWER 방송 프로그램 이름 : 일요일이 좋다. / 이유 : X맨으로 뽑힌 사람은 자신의 팀을 지게 만드는 의무를 가지고 사람들을 속인다. 사회자와 출연하는 연예인들이 게임을 하는 것을 보면 재미도 있지만 결국은 출연자들이 X맨을 찾기 위해 서로를 의심하며 게임을 하는 것이다. 웃는 얼굴을 하고 있지만 마음과 머릿속에는 서로를 의심하는 이런 방송 때문에 서로가 서로를 믿지 못하고 신뢰하지 못하는 문화를 만드는 것 같아 나는 이 방송이 마음에 안 든다.

습을 보여 주는 것은 나쁘다. 재미와 흥미를 끌기 위한 것보다 시청자들의 정서에 좋은 영향을 줄 수 있는 방송을 해야 한다. / **방송을 보는 사람** : 출연자들이 괴로워하는 모습을 보고 단순하게 즐거워하는 사람들의 태도에도 문제가 있다. 시청자들도 재미와 흥미를 주는 방송만을 보려고 하지 말고, 그 방송이 우리에게 어떤 영향을 주는지 생각하며 방송을 보는 태도를 가지도록 노력해야 한다.

❺ ANSWER 우리가 얻을 수 있는 것 : 연예인들이 나와서 놀이 기구를 탄다거나 즐겁게 게임을 하는 모습을 보고 스트레스를 풀 수 있고 휴식을 취할 수 있다. / 잃고 있는 것 : 다른 사람들의 괴로움을 보고 웃게 만들기 때문에 정서적으로 좋지 않다.

❸ 최고로 안전한 게임?

가학적인 장면을 보여 주는 방송을 비판해 보고, 텔레비전 방송을 보는 바람직한 태도에 대해 생각해 봅니다.

❶ ANSWER 가학적인 모습을 보여 주는 방송 프로그램을 비판하고 있다.

❷ ANSWER 연예인들이 번지 점프 하는 모습을 보여 주는 방송, 타기 싫은 놀이 기구를 억지로 타게 해서 무서워하는 얼굴을 보여 주는 방송 등

❸ ANSWER 시청률을 올리기 위해서, 시청자들이 그런 방송을 좋아하기 때문에 등

❹ ANSWER 방송을 만든 사람 : 시청자들에게 악영향을 줄 수도 있다는 사실을 무시하고 시청률을 올리기 위해 자극적인 모

❹ 내 맘대로 하고 싶어!

대중가요가 현대 사회의 모습을 어떻게 표현하고 있는지 살펴봅니다.

❶ ANSWER 아들(딸)이 부모님께 하고 싶은 말을 가사로 옮긴 것이다.

❷ ANSWER 자신의 잘못된 행동에 대한 반성보다는 부모님을 원망하고 있다. 노래하고 춤을 추고 싶다면 부모님을 먼저 설득해야 하는데 자신의 잘못은 인정 안 하고 부모님 앞에서 떳떳하게 화를 내며 이야기하고 있어 부모님이 속상해 하실 것 같다.

❸ ANSWER 가사가 전달하려는 주제 : 엄마! 아빠! 저를 이해해 주세요, 저의 꿈을

인정해 주세요. 등 / **나의 생각** : 가끔은 내맘대로 하고 싶은 것이 있지만 부모님께서 못하게 하시는 경우가 있다. 그럴 땐 이 노래의 주인공처럼 부모님이 원망스럽다. 그런 나의 마음하고 비슷한 것 같다.

❹ **G·U·I·D·E** 자신이 알고 있는 대중가요 중 한 가지를 뽑아 가사를 써 보고, 좋아하는 까닭도 함께 이야기해 봅니다.

'독서에서 논술로 04

얼굴만 예쁘면 다야?

139쪽

G·U·I·D·E 앞에서 배운 텔레비전을 통해 조장되는 외모 지상주의의 문제점을 파악하고 비판해 봅니다. 그리고 외모 지상주의에 대한 자신의 생각과 이를 없애기 위한 방안을 고민하여 논술해 봅니다.

예·시·답·안

요즘 텔레비전을 보면 멋지고 잘생긴 남자 연예인과 날씬하고 예쁜 여자 연예인들이 많이 나온다. 연예인들 중에는 자신의 재능을 사람들에게 인정받으려고 하는 사람들도 있지만 또 다른 연예인들은 자신의 외모만을 내세워 사람들에게 인정받고 싶어하는 경우도 있다. 그래서 여러 가지 다이어트를 하는 것은 물론 성형 수술을 한 번이 아닌 여러 번을 해서라도 외모를 인정받고 싶어 한다. 이러한 연예인들의 모습을 본 사람들은 그 연예인과 같이 성형 수술을 하고 싶은 생각을 하게 될 것이고, 자신도 모르게 외모 지상주의에 젖어 들게 된다.

사람들도 가수면 노래, 연기자면 연기를 잘하는 모습을 보고 인정하기보다, 외모에 대한 평가만 하는 것도 문제가 있다. 모든 사람들에게 실력과 능력을 인정받았던 연예인이 성형 수술을 했다는 사실이 알려지면 인터넷에 과거의 사진과 지금의 사진을 비교하며 그 사람의 능력보다는 외모에 대한 비판을 하기 바쁘다. 이런 외모 지상주의는 연예계 뿐만 아니라 일반인들 사이에서도 나타난다. 외모 하나로 모든 것을 해결하려는 생각을 가지게 한다. 이로 인해 성형 수술에 대한 부작용, 과도한 다이어트로 인한 거식증, 정신병까지 유발할 수 있다. 무엇보다 더 심각한 문제는 자신의 재능을 개발하려는 노력보다 외모만으로 모든 것을 해결하려는 잘못된 생각을 가지게 된다는 것이다.

이런 외모 지상주의를 없애려면 어떻게 해야 할까?

우선 내 자신을 소중하게 생각하는 마음을 가져야 한다. 그리고 외모보다는 타인을 배려하는 마음과 외모보다 그 사람의 능력과 자질을 찾으려는 노력을 해야 한다.

멋지고 예쁜 외모가 때로는 장점이 될 수 있지만 그 사람의 전부가 될 수는 없다. 외모보다 더 중요한 것을 찾고자 하는 마음을 갖도록 하자.